田原総一朗

AIで私の仕事はなくなりますか?

講談社+α新書
プラスアルファ

序章　「雇用の未来」とＡＩ

囲碁AI「アルファ碁」の衝撃

この数年、AIという言葉をいたるところで見るようになった。新聞、テレビ、雑誌、街頭広告でも「AI使用」などという文字をよく目にする。

AIとは、Artificial Intelligence、つまり人工知能の略語であって、『人工知能と経済の未来』（文春新書）の著者である井上智洋氏（駒澤大学准教授）は人工知能とは、人間のような「知的な作業をするソフトウェアのことで、コンピュータ上で作動」すると説明している。

この説明で人工知能というものが理解できるわけではないが、AIが人間の能力を凌駕（りょうが）するような出来事が、1990年代の後半からいろいろ報じられている。

1997年には、コンピュータがチェスのチャンピオンを打ち破った。勝ったのはIBM社のスーパーコンピュータ「ディープ・ブルー」で、負けたのは史上最強のチェスプレイヤーといわれたロシア人のガルリ・カスパロフであった。

また、2011年には、同じくIBM社が開発したコンピュータ・システム「ワトソン」が、アメリカのクイズ番組で歴代チャンピオンに勝利して大きな話題になった。

さらに、2015年には、多くのAI研究者や将棋関係者たちが、コンピュータが将棋の羽生善治名人（当時）と勝負するものと目していた。実際には対戦はされなかったのだが、情報処理学会は同年10月11日に、コンピュータ側が「たくさん対局をすると統計的に勝ち越す可能性が高い」と発表、いわば不戦勝を宣言したということだ。

ところで、囲碁は、将棋に比べてはるかに複雑なゲームとみなされていて、コンピュータが囲碁で人間のチャンピオンに勝つのは２０２０年代の後半になるだろう、と関係者の間で目されていた。

ところが、なんと２０１６年３月に、囲碁ＡＩの「アルファ碁」が、世界最強の棋士である韓国のイ・セドル九段を打ち負かした。このことで、ＡＩの進歩のスピードが関係者たちの予想よりもはるかに速いことが実証されたかたちになり、世界に大きな衝撃をもたらした。

だが、ＡＩが威力を示しているのは、将棋や囲碁の世界だけではない。

たとえばアイロボット社のロボット掃除機「ルンバ」は、人間が指示したように掃除ができるし、ソフトバンクは会話ロボット「ペッパー」を発売している。

また、コーヒーカップよりもやや大きな円筒形の「グーグル・ホーム」は、尋ねれば、本人の今日の予定から、株価、ニュース、スポーツ情報まで答える。さらには辞書がわりにもなるし、近い将来には新幹線や飛行機の予約までしてくれることになりそうだ。

だが、ＡＩは、もっとすさまじく社会を変えようとしている。たとえば、私が日本語で話をすれば、アメリカ人やイギリス人には英語として聞こえ、中国人には中国語、韓国人には韓国語、もちろん、フランス人、ドイツ人など、世界各国の人たちに、その国の言葉として聞こえる。つまり自動的な同時翻訳が可能になったのである。

そして数年のうちに、タクシーもバスもトラックも自動運転で、運転手なしで走ることになりそうだ。もちろん医療の世界でも、ＡＩが大きな役割を担うことになるだろう。

極端な文系人間の筆者が

こうなると、ＡＩとかかわりを持たないと、時代から置き去りにされそうで不安になるが、ＡＩの関係者たちに問うと、「ＡＩとかかわりを持つには、ＳＴＥＭ教育を受ける必要がある」と指摘された。

「ＳＴＥＭ」とはどういうことなのか。

関係者たちによると、

「Ｓ」とはサイエンス（science＝科学）のこと、

「Ｔ」とはテクノロジー（technology＝技術）のこと、

「E」とはエンジニアリング（engineering＝工学）のこと、
「M」とはマセマティックス（mathematics＝数学）のこと、だという。

私は、大学は文学部で極端な文系人間である。「S」も「T」も「E」も「M」も、高校時代からまともに勉強していない。逆にいえば、科学と数学が苦手だったから文系を選んだのである。

そういえば、ＡＩの説明には、必ず「機械学習」「ニューラルネットワーク」「ディープ・ラーニング」などという言葉が出てくるが、私にはいずれもさっぱりわからない。

それに、そもそもコンピュータというのは、恐ろしく速く計算ができる機械で、スーパーコンピュータというのは、その速度がすさまじいものだと理解しているが、それが、なぜ自動運転や自動翻訳に結びつくのか、私の理解とは、あまりにも距離がありすぎる。

私は、どうせ文系の、しかも年寄りなのだから、ＡＩにはかかわりようがなく、どんどん世の中を便利にしてくれるＡＩを、その仕組みがわからなくても、利用できる場合は利用すればよい……という気持ちでいた。

ところが、井上智洋氏や小林雅一氏（情報セキュリティ大学院大学客員准教授）などの著書で、英国のオックスフォード大学の研究者である、カール・フレイとマイケル・オズボーンの両博士が2013年9月に発表した「雇用の未来」という論文のことを知った。

この論文によると、米国の労働者の47%が従事する仕事が、10~20年後に、70%以上の確率で、AIによって消滅するかもしれないというのである。しかもその多くが、サラリー・パーソン、つまりホワイトカラーの仕事なのだという。

さらに、マイケル・オズボーン氏らと野村総合研究所が共同で研究し、やはり10~20年後に、日本人の仕事の49%がAIに取って代わられる可能性がある、と2015年12月に発表していることを『中央公論』の2016年4月号で知った。

こうなると、どうせ文系の年寄りにはAIのことがわからない、と悠長(ゆうちょう)にかまえているわけにはいかなくなる。

人工知能は悪魔か?

それに、このところAI学者や研究者の間で「シンギュラリティ」という概念が大きな論議の課題になっているようだ。

この概念は、アメリカの著名な発明家レイ・カーツワイル氏が、技術に関する未来予測の書『シンギュラリティは近い 人類が生命を超越するとき』(NHK出版『ポスト・ヒューマン誕生』のエッセンス版)で紹介したものだ。

松尾豊氏（東京大学大学院工学系研究科特任准教授）によれば、「人工知能が自分より賢い人工知能をつくり、その人工知能がさらに賢い人工知能をつくる、これをものすごいスピードで繰り返せば、人工知能は爆発的に進化する。だから、人工知能が自分より賢い人工知能をつくりはじめた時点こそ、すべてが変わる『特異点』になる」ということで、その技術的特異点を、カーツワイル氏は「シンギュラリティ」と称した、というのである。

アメリカの一経営者が主張した「シンギュラリティ」という概念が、世界のＡＩ学者たちの大きな、そして深刻な課題となったのは、先ごろ亡くなった宇宙物理学者、スティーブン・ホーキング氏をはじめ、その世界で信頼されている少なからぬ学者たちが「シンギュラリティ」の到来可能性を認めたからである。

ホーキング氏は、「完全な人工知能を開発できたら、それは人類の終焉を意味するかもしれない」と警鐘を鳴らした。

電気自動車で有名なテスラのＣＥＯ、イーロン・マスク氏は「人工知能にはかなり慎重に取り組む必要がある。結果的に悪魔を呼び出していることになるからだ」と述べている。

さらに、サン・マイクロシステムズの創業者でＡＩの世界で信頼されているビル・ジョイ氏は「未来はわれわれを必要としていない」とまで言い切っている。人工知能は人間の機能を拡張するのではなく、人間を必要としなくなってしまう、というのである。

STEMの教養のない年寄りではあっても、人工知能が社会をどのように変えていくのか、人工知能を、人間を必要としない悪魔にしないためにはどうすべきなのか――人工知能というものを基本の基本から徹底的に探究せざるを得なくなる。

人工知能とは本質的に悪魔なのか、人間の力で悪魔にならないようにできるのか。

※本書は、講談社のウェブマガジン『クーリエ・ジャポン』の連載（2017年5月～2018年5月）をまとめたものです。肩書、年齢は取材当時のものとしました。

AIで私の仕事はなくなりますか？◉目次

第1章　無料で開発ツールを公開するグーグルの深謀遠慮

——グレッグ・コラード（グーグル・ブレイン創業者）

グーグル・ブレインの生みの親

人工知能開発の世界の牽引役を演じているといえる、グーグルの頭脳部分にあたるグーグル・ブレインの創始者の一人であるグレッグ・コラード氏に、人工知能の基本の基本から問うことにした。

コラード氏はまだ40代前半、世界の最先端で闘っている人物なのに、まったく格好をつけない気さくな人柄であった。

実は、私は10年ばかり前に、シリコンバレーのグーグル本社を訪ねて、創業者の一人であるセルゲイ・ブリン氏を取材した。

当時はグーグルはネット検索会社として有名であったが、本社は大学の研究所のようで、従業員の一人一人が部屋を持ち、しかも会社の仕事は80％までにして、20％は、それぞれ好きな研究に挑戦せよという方針をとっていて、非常に面白い会社だという思いを強くした。

それに経営者であるブリン氏も、いまだスタンフォード大学の大学院で研究を続けているのだと語った。

話を戻そう。グーグル・ブレインが設立されたのは２０１１年だが、実はコラード氏のチ

ームも20%の自由な研究の中から生まれたのだという。

――さっそく聞きますが、グーグル・ブレインはどういう目的のためにつくられたのですか。

「元々は科学的な探究のためだったんです。いわゆるアーティフィシャル・ニューラルネットワークという、人間の脳の神経の構造を模した人工的な神経ネットワークを、より大きなネットワークにしたら何が可能なのか、科学的に探究するのが目的でした。

科学の世界では１９８０年代に何人もの学者がこの分野にいたのですが、大規模なデータを使って学習させるのが難しく、コンピュータのパワーも弱かったんです。現実のものとして大きなネットワークが構築できるようになったのは、データ量とコンピュータ・パワーの爆発的な増大が起こってからのことで、２０１０年から２０１１年になってからです」

——その大きな新しいニューラルネットワークを構築したのがグーグルですか。

「グーグルが、というわけではなく、さまざまな研究機関や企業が開発に取り組んでいます。もちろん私たちもこれを製品に活用しています。現在、多数のグーグル製品に使われており、根幹技術のひとつといえます」

機械学習とは何か？

——ところで、人工知能というと、必ず〝機械学習〟という言葉が出てきますが、これが私にはよくわからない。どういうことですか。

「機械学習という考え方は50年以上前からあったのですが……。たとえばコンピュータは、プログラムに従って作動します。スーパーコンピュータも同じです。そのプログラムは人間が記述するわけです。

それに対して、機械学習は、プログラムを人間がつくりません。人間が教えることなく機械が自分で学ぶから、〝機械学習〟と呼ぶのです。

とはいっても、機械がいきなり情報をもとに答えを出すことはありません。膨大な入力と、膨大な出力のセットを機械に与えてあげる。そうすると、機械は人間がプログラムをつくらなくても、入力と出力から学習して〝解答モデル〟をつくっていく。

学習とは〝分ける〟ということですが、それを何度も繰り返せば、ものごとを判断できるようになる。これが機械学習の基本です」

そしてコラード氏の説明を補足するように、グーグルのスタッフのひとりが、次のように話した。

「たとえば、人間の赤ちゃんがものを覚えていくとき、親は論理的な条件分岐のプログラムを教え込むわけではありません。

ある状況（入力）に対して、言葉の意味であったり、取るべき行動だったりの答え（出力）を教えていますよね。膨大な入力と出力のセットから知識を獲得していくという意味では、赤ちゃんの学習にとても近いということもできます」

グーグル・ホームとグーグル翻訳

機械学習について充分に理解できたわけではなかったが、次の質問に移った。機械学習を使って、グーグル・ブレインは最初にどういうことにチャレンジしたのか、と。

「たとえば音声認識です。人間が話しかけた言葉をＡＩが理解して会話ができる。少し前まではＳＦ的な世界の話だったのですが、グーグル・ホームは問いかければ、今日の予定、交通情報からニュース速報まで話してくれます」

——グーグル・ホームのことは知っています。ショッピングリストの作成から音楽ストリーミングやゲームまでできるとか。

「それからグーグル・フォト。写真を自動的に分類することができるようになって、多くの人々に使われています。そして機械翻訳。世界中の情報を誰にでも使えるようにするというのがグーグルのミッションなのです。

現在、世界中の情報の約50％が英語で書かれています。しかし、それを不自由なく読める人は、世界に20％くらいしかいない。日本語となると、読める人は極端に少ない。そこでグーグルが研究開発を進めているのが、機械翻訳です。

コンピュータが、たとえば『英語』と『日本語』を翻訳して、相互に意思疎通ができるようにしてくれています。グーグルが提供する『グーグル翻訳』は、すでに対応言語は１００言語を超え、オンラインで利用されている言語の99％程度をカバーするまでに拡張できています」

画像認識がなぜ可能になったか

——ところで、グーグルが世界で大きな話題になった、つまり人工知能が飛躍的に発展した証として世界中に衝撃を与えたのは、画像認識、要するに「この画像は猫だ」という認識ができるようになったことですね。なぜ、「猫だ」と認識できるようになったのですか。

「たとえば、人間が、画像に何が映っているかを判断するプログラムをつくるとしても、非常に難しいわけです。同じことをコンピュータに学習させようとしても、やはり大変難しい。

機械学習では入力に対して出力を決める『処理』を行いますが、この処理を一段階でやらせるのは無理です。たとえば画像データを入力として与えたとき、明るいか暗いかという単純な判断は一段階の処理でできたとしても、それが限界です。

そこで、こうした処理の結果を、さらに処理する、つまり階層的な処理を行ってみます。すると何度も重ねた処理によって、画像データに映った形が判断できるようになり、さらに処理を重ねることで、猫であることが認識できるようになるのです。

繰り返しになりますが、こうした考え方は数十年前からあったのですが、コンピュータのパワーが弱かったし、膨大なデータを収集することも難しかったので実現できなかったのです」

そこで、私は恥ずかしいとは思いながら、「最初に聞かなければならなかったのですが」と断って、「人工知能を本格的にした中核的な技術としてディープ・ラーニングという言葉が必ず出てくるが、ディープ・ラーニングとはどういうことなのか」とコラード氏に問うた。

「ディープ・ラーニングとは、機械学習の一種で、画像認識のところで説明したように、計算処理を何段も何段も重ねることです。

そして処理を重ねるには、膨大な入力と出力のセットが必要で、計算の量がものすごいことになります。処理の層を深くするという意味で、ディープ・ラーニング（深層学習）と名付けられているのです」

――だけど、計算処理を何段も重ねるとなると、すごく時間がかかりますね。

「だから、グーグルには100万台以上のコンピュータがあるはずです」

コラード氏は、当然、といった口調で答えた。ディープ・ラーニングの説明で、機械学習を理解できた。

世界の企業はグーグルの下請けになる？

――しかし、そうなると、世界の企業が、みんなグーグルの下請けになってしまうのではないですか。日本の経営者で、それを恐れている人物が少なからずいるようですが。

「いやいや、とんでもない。グーグルは世界中のエンジニアたちに便利に使ってもらうためのツールをいろいろつくっているのですよ。その一つが、TensorFlow（テンソル・フロー）です」

――テンソル・フローですか、難しそうだけれども、それを使うとどんなことができるのですか。

「たとえば、日本だと静岡県のキュウリ栽培農家さんがテンソル・フローを使ってくださっています」

――キュウリ栽培農家ですか。テンソル・フローを使って何をしているのですか。

「栽培したキュウリを、大きさや、形や色つやのよさ、そして硬さなどで9段階に仕分けして、最もよいものは高級料理店などに回すのですが、これを手作業でやると8時間以上かかる。それに慣れた人間でないとできない。

それが、テンソル・フローだと、自動的に、しかもごく短時間でできるのです。画像認識が基本ですが、コンピュータゲームで絵を描いて当てさせるとか、いろんなことができて、世界中で重宝がられています」

――そのテンソル・フローの使用料はいくらくらいですか。

「まったく無料です。無償で公開しています。テンソル・フローは、ディープ・ラーニングで開発できたソフトでして、静岡のキュウリ農家さんは、それをダウンロードして仕分け機を作られているんです。そのコストが15万円くらいだったようです」

――しかし、せっかくのソフトを無償で公開していたのでは、グーグルはまったく儲けにならないではないですか。いったい何のためにテンソル・フローを開発したのですか。

「グーグルというのは、基本的なエンジニアリングの根幹となるところは、標準として無料でオープンに提供されるべきである、という考え方なんです。ですから機械学習の基本的な部分というのは、自由に学生にもエンジニアにも提供しているのです」

――でも、グーグルは公的機関ではなく企業でしょう。企業は儲けなければやっていけないではないですか。

「グーグルは常にＡＩに関わったかたちで情報を整理していくというのがミッションです。グーグルの目指すところは機械学習やＡＩを使って、よりよいサービスを世界に提供していくということです」

自動運転車に日本のメーカーは？

コラード氏が本音を隠して、建て前を言っているとは思えないが、儲けるという企業の肝心の部分が吹き飛んでしまっていて、格好よすぎると思えた。そこで、コラード氏が気分を害するのではないかと感じながら、そのことを指摘した。

「グーグルが非常に成功してより純粋に有益なことができて、ビジネスを構築できるようになれば、そのうえにさらに有益なものを構築することでほかの企業にも成功してもらえる。それによって、全体としてＡＩ市場がよりよい市場として成長し、それは当然グーグルにとっても利益になるわけです」

コラード氏の説明は非常に筋が通っている。世界の人工知能開発の牽引役としての使命感と自信が漲（みなぎ）っている。だが、やはり格好よすぎると感じて、いささか嫌みな質問をした。

――現在グーグルグループのＷａｙｍｏという会社が自動運転の自動車の開発をされている。それに対してトヨタもホンダも、そして日産もこのままだとグーグルの下請けになってしまうのではないか、と非常に危機感を抱いて、３社ともシリコンバレーに研究所をつくりました。

「私は個人的には自動運転車には関わっていないのですが、グーグルがこういったことを研究して、自動運転車が可能になるかもしれないと示したおかげで、手前味噌ではありますが、世界中の自動車メーカーさんが、真剣にこの製品開発に取り組んだという経緯があると思うんです。

それ自体は非常にエキサイティングなことだと思いますが、自動運転になることで、確実に事故が大きく減り、多くの生命が救われるわけで、どこの企業がやろうとプラスになります」

AI進展での一番の懸念は？

コラード氏の説明は筋が通っている。たしかにグーグルの自動運転車の開発に触発されてトヨタ、ホンダをはじめ、世界の自動車企業が自動運転車の開発に取り組んだのは事実だろう。

だが、そのことによって、世界の多くのタクシーやバス、そしてトラックの運転手たちは仕事を失うことになるはずだ。そのことをからめて問うた。

――いま、AIの普及によって、多くの雇用が失われるのではないか、ということが割と深刻な課題になっています。

たとえば英国のオックスフォード大学のマイケル・オズボーン博士などと野村総研が共同研究を行い、2015年12月に、「10～20年後に、日本人の仕事の49％がAIに取って代わられる可能性がある」と発表していますが。

「たしかにAIによって仕事の内容が変わるということはあります。その仕事の一部の業務をAIがやる、支援するということはありますが、仕事の内容は変わっても、人間がやらなければならないことはたくさんあります。

たとえば、蒸気機関が発明された第一次産業革命のとき、機械に仕事を奪われると危惧して、職人たちが機械打ち壊し運動（ラッダイト運動）などを行いましたが、産業革命の結果、むしろ仕事はどんどん増えました。これと同様のことがＡＩの場合にもいえると思います」

——オズボーン博士と野村総研の発表は杞憂で、仕事は減らないということですか。

「ただ、私が懸念しているのは、ＡＩによってデジタルを使いこなせる人とそうでない人の差が大きくなってしまうというような社会が生まれてしまうことです。そういう技術との接触をまったく持たずに育ってきた人との差が大きくなってしまい、デジタルデバイド（格差）がひろがることを懸念するんですね。

国際社会として、どうその垣根を取り払っていくべきか。実際にまったくコンピュータに触れていない人がコンピュータやスマホの世界に飛び込むというのは非常に難しいことですから、垣根を取り払うためにどう取り組むのかは、大問題です」

コラード氏の最後の指摘を、私は、私自身に突きつけられた課題、いや難題だと受け止めていた。

ＳＴＥＭがまったく苦手な年寄りだが、ＡＩが起こす社会変革、その行く先をなんとしてもつかみ取らねばならないと、あらためて思いはじめていた。

（２０１７年３月14日取材）

第2章　日本の人工知能研究はなぜ立ち遅れたのか

――松尾豊（東京大学大学院工学系研究科特任准教授）

理解なき賞賛の怖さ

人工知能が、企業のあり方を、産業そのものを、そして社会を大きく変えるというのが未来の現象ではなく、現実の問題となってきた。これまで人工知能とは無縁だと思われていた農業や建設業も、人工知能で抜本的に変わることがわかり、大小を問わず、農業者も建設業者も懸命に人工知能の導入に取り組んでいるようだ。

そこで、一貫して人工知能の研究を続け、人工知能学者の中で高い評価を受けていて、数々の賞を受賞している、東京大学大学院工学系研究科の特任准教授である松尾豊氏を、東大弥生門に近い工学部2号館にある松尾研究室に訪ねた。

工学部2号館は人工知能のイメージにはそぐわない古びた建物であったが、夜8時を過ぎていたのに、研究室では何人もの若い研究者たちが、それぞれパソコンやスマートフォンで作業をしていた。研究室には、松尾氏を含めて、建物の古さとはうらはらの若やいだ空気が充満していた。

松尾氏は、まったく格好をつけない気さくな学者で、人工知能に対して無知で、的はずれな私の質問にも、いささかも嫌な素振りをせず、むしろ面白がるようにわかりやすく説いてくれた。

松尾氏は『人工知能は人間を超えるか　ディープラーニングの先にあるもの』（角川EPUB選書）という著書の中で、人工知能にはこれまで2回のブームがあった、と記している。

１９５６年から１９６０年代が第一次ブーム。１９８０年代が第二次ブームで、この２度のブームでは、研究者たちは人工知能の可能性を喧伝（けんでん）した。そのブームで多くの企業が人工知能研究に殺到し、多額の国家予算が投下された。

パターンはいつも同じだった。

「人工知能はもうすぐできる」

その言葉にみんなが踊った。

しかし、思い描いていた未来は実現しなかった。行き詰まり、停滞した。そうこうするうちに、人は去り、予算も削られ、「人工知能なんてできないじゃないか」と世間はそっぽを向いてしまう。期待が大きかった分だけ失望も大きかった。

楽しい時間の後には冷たい現実が待っていた。人工知能研究者にとっては大変につらくて長い冬の時代がやって来た。

実は、松尾氏が東大の学生だったのは第二次ブームが去った後であった。

「いま、三たびめぐってきた人工知能の春の訪れに当たり、同じ過ち(あやま)を繰り返してはいけないと強く思う。ブームは危険だ。実力を超えた期待には、いかなるときも慎重であらねばならない。世間が技術の可能性と限界を理解せず、ただやみくもに賞賛することはとても怖い」

松尾氏は、このように記している。そこで、松尾氏に、第一次ＡＩブームはなぜ起きたのか。そして、なぜ去ったのか、と単刀直入に問うた。

「人工知能という言葉が初めて登場したのは、１９５６年の夏にアメリカ東部のダートマスで開催された会議です。人間のように考える機械を初めて『人工知能』と呼ぶことにしたのです。

世界初の汎用電子式コンピュータとして知られる、約1万８８００本の真空管を使った巨大な計算機エニアックが誕生してから10年が経ち、その圧倒的な計算力を目にした人たちは、コンピュータがいつしか人間より賢くなる、人間の能力を凌駕するだろうと当然のように思ったのですよ」

実は、この会議には、ジョン・マッカーシー、マービン・ミンスキー、アレン・ニューウェル、ハーバート・サイモンという、コンピュータ分野のノーベル賞といわれるチューリング賞を後に受賞する超大物学者４人が参加しているのである。松尾氏は、ミンスキーが来日したときには、懸命に努力してインタビューしている。

「第一次ＡＩブームでは、一見すると知的に見えるさまざまな課題をコンピュータが次々に解いていった。オセロやチェスでベテランたちに勝った。だからコンピュータはさぞかし賢いのだろうと思われたのですが、非常に限定された状況でしか問題が解けなかった。トイ・プロブレム（おもちゃの問題）と言っているのですが、現実の問題、たとえば、ある人が病気になった、どんな治療法があるのか、とか、ある会社がこれから伸びていくにはどういう製品を開発したらよいのかといった、私たちが現実に直面するような、本当に解きたい問題は全然解けなかった。

現実の問題を解くにはおびただしい知識の量が必要なのですが、それに対応できなかった。そこでブームが去ったのです」

松尾氏の説明で「トイ・プロブレム」という言葉に強い興味を覚えた。現在でも、経済理論や政治理論で、トイ・プロブレムに属しそうなものが少なからずある。松尾氏に、つづいて第二次ＡＩブームについて問うた。

期待されたのは「専門家の代わり」

「第一次ブームで、トイ・プロブレムは解けても、現実の問題は解けないという限界が明らかになって、大事なのは『知識』だということになった。たとえば、お医者さんの代わりをしようと思えば、『病気に関するたくさんの知識』をコンピュータに入れておけばよい。弁護士の代わりをしようと思えば、『法律に関するたくさんの知識』を入れておけばよいはずだ、と。

そうすれば、トイ・プロブレムではなく、病気の診断をしたり、判例に従った法律の解釈をしたりという現実の問題を解くことができる、と考えたのです」

なるほど、それならば実用的に使えそうですね、と私が合点すると、松尾氏は「エキスパートシステム」なるものを説明しはじめた。これが第二次ＡＩブームの大本命だったというのである。

「ある専門分野の知識を取り込み、推論を行うことで、その分野のエキスパート（専門家）のように振る舞うプログラムで、１９７０年代初めにスタンフォード大学で開発されたＭＹ

CIN(マイシン)が有名です」

マイシンは伝染性の血液疾患の患者を診断して、抗生物質を処方するようにデザインされていたのだという。500のルールが用意されていて、質問に順番に答えていくと、感染した細菌を特定し、それに合った抗生物質を処方することができる。言ってみれば、感染症の専門医の代わりに診断できることが期待されたシステムであった。

「だけどマイシンは専門医よりは劣っていて、エキスパートシステムには問題がありました。知識の数が増えて、ルールの数が数千、数万になると、お互いに矛盾していたり、一貫していなかったりすることがあり、より広い範囲の知識を扱おうとすると、とたんに知識を記述するのが難しくなるのです。

たとえば、何となくお腹が痛いとか、胃のあたりがむかむかするといった『あいまいな症状』について診断を下すことは、コンピュータには、きわめて難易度が高いのです」

そして松尾氏は、「第二次ブームの限界を示した例」として「Cyc(サイク)プロジェクト」なるものを披露した。

「これは、人間の持つすべての一般常識をコンピュータに入力しようという、きわめて野心的なプロジェクトで、1984年にスタートしたのですが、実は、30年以上経った現在も続いています。人間が持つ常識というのは、書いても書いても書き終わらない。人間が自然に楽々と持っているような知識でも、コンピュータに記述させるのは無理だと、だんだんわかってきたのです」

松尾氏は、首を横に振りながら言った。サイクプロジェクトで、AI学者たちも、人工知能は、結局、夢物語ではないかと思ったわけだ。

機械が「目」を持った世界

ところで、私は、1980年代に、政府がらみで開発された「第五世代コンピュータ」がAIを実現させ、日本が世界の主役になると大騒ぎしていたのを思い出して、「第五世代コンピュータ」について、松尾氏に問うた。

「第五世代コンピュータは通商産業省（現・経済産業省）が主導した巨大プロジェクトで、1982年から13年間にわたって570億円が投じられた、国の威信をかけたプロジェクトだったのですがね」

松尾氏は、そこで言葉を切った。

——だけど、成功しなかったようですね。なぜなのですか。

「その前に、ぜひ言っておきたいのだけれど、当時はアメリカの対日貿易赤字がふくらんで、日本の産業界はアメリカからさまざまな圧力を受けていましてね。そこでアメリカに対抗する、コンピュータでＩＢＭに勝つのだという、非常に闘志に満ちたプロジェクトでした。今の日本に最も欠けている部分です」

松尾氏は強い語調で言った。現在の日本に「欠けている」という問題は、後に問うことにして、ともかく「第五世代コンピュータが成功しなかった理由」を聞いた。

「歴史に『たられば』はないのですが、もしもウェブの出現が、あと15年早かったら、いまのシリコンバレーの座には、日本が就いていたのではないか、と私は思っています。それくらい先進的なプロジェクトでした」

松尾氏は、いかにも残念そうに言った。

――今のシリコンバレーが占めている座に、日本が就いていたのではないか、というのは衝撃的で、本当に残念ですね。でも、なぜ成功しなかったのだろう。

「当時は『データ』がなかった。データが爆発的に増えたのは、インターネットが登場してウェブが普及する１９９０年代後半からですからね。データがないのに、速く計算する仕組みにばかり取り組んでいたのだから、これは無理ですよ。取り組むのが早過ぎたのです」

――なるほど、インターネットが登場する前で、データがなかったのですね。データが爆発的に増えて、コンピュータ・パワーが強まったことで、ＡＩブームが本格化したということですか。

私は、松尾氏に第三次ＡＩブームについての説明を促した。

――２０１２年に行われた世界的な画像認識のコンペティションで、カナダのトロント大学が開発したスーパー・ビジョンが圧倒的な勝利を飾った。松尾さんは、これが新しい時代を切り拓くきっかけになった、つまり第三次ブームのきっかけになった、とおっしゃっていますが、なぜトロント大学が勝利したのですか。

「トロント大学の勝因は、その大学の教授だったジェフリー・ヒントン氏が中心になって開発した新しい機械学習の方法『ディープ・ラーニング』だったのです」

――ディープ・ラーニングとは、たしか、人間の脳を模したニューラルネットワークを何層にも何層にも深く重ねていく、ということですね。グーグル・ブレインのグレッグ・コラード氏から教えられたのですが、深層学習とも言われているようですね。

「そういうことです。深層学習という言葉は、僕が人工知能学会の編集委員長のときに作ったのですが」

松尾氏は照れ笑いをしながら言った。

――それで、ディープ・ラーニングによって、どういうことができるのですか？

「画像認識と言いまして、機械が目を持つようになったのです。コラードさんのグーグルが、猫の画像を猫だと判断できるようになった、と大きな話題になりましたが、コンピュータが目を持つようになったというのは、これは大変な出来事です。

産業革命で蒸気機関をはじめ、さまざまな機械が開発されましたが、機械には目がなかった。だから、目のある人間がすべて介在しなければならなかった。しかし機械が目を持つと、人間の介在が必要なくなって事態が大きく変わることになります」

そして、松尾氏は、根元的に変わる典型的な産業として、農業、建設業、食品加工業などを挙げた。

「農業でいえば、たとえばトマト収穫ロボットというのは、いまだにありません。トマトはマーケットもすごく大きいし、収穫量も多く手間暇がかかりますが、トマト収穫ロボットはいまだにない。なぜならば、機械に目がなかったからです」

――イチゴもキュウリも人間が手仕事でやっていますね。私はかつてイチゴの栽培を大規模に、そして世界的に展開しようとしている人物を取材したのですが、イチゴを摘み取るのは太陽が出る直前、つまり夜明け前にやらなければならなくて、人手も多くかかるし、大変きつい仕事で、人を集めるのが難しい、と困惑していました。これがロボット化できれば、どんどん大規模にできますよね。

「機械に目がなかったから、どこにトマトやキュウリがあるのかわからなかった。そして摘果（てきか）、摘蕾（てきらい）というのですが、どうやって摘（つま）めばよいのかわからなかった。だからぜんぶ人間がやるしかなかった。大変手間暇がかかる仕事でした。

しかし、機械が目を持ったことで、すべて自動化できるようになります。そして選果場での選果、つまり出荷する農産物のより分けも、かなり自動化されるようになっています」

ルンバはAI掃除機？

人工知能学者の松尾豊氏の解説を聞いて、私は、グーグル・ブレインの創始者グレッグ・コラード氏が紹介したテンソル・フローを思い出した。

静岡のキュウリ栽培農家が、テンソル・フローによってキュウリを9段階に仕分けるのだという。そのことを松尾氏に言うと、「テンソル・フローは、まさしく機械が目を持ったことで開発されたソフトウェア」だと、大きくうなずきながら答えた。

「農業だけでなく、物流の分野も大きく変わります。たとえば、倉庫でさまざまな物品を摑んで運び出すのも人間の仕事でしたが、コンピュータが目を持てば全部自動化できます。それから、調理、つまり料理を作る。これも自動化できて、外食産業では、それこそ革命的な変化が起きるはずです。

これには10年ぐらいかかるかもしれませんが、世界の外食産業の調理が機械化されると、めちゃくちゃな巨大産業になります。しかも、調理の機械化を日本が実現できれば、日本のおいしく作れる調理機械を、ニューヨーク、ロンドン、パリなど世界中に持って行って、新しいレシピも配信できる。要するに新しいプラットフォームのモデルができるわけです」

さらに、松尾氏は「片付けもできる」と話したが、このことが私にはピンとこなかった。すでに、「ルンバ」というロボット掃除機が普及しているからだ。そのことを松尾氏に問うた。

「ルンバは目を持っていなくて、埃（ほこり）を取ることしかできません。片付けるというのは、片付けるべきものを、これは何かと認識してもとの場所に戻すことで、目がなければできません。

そして、片付けロボットが家に入りますと、朝会社に行って戻ってくると、すべてのものがもとの場所に戻っている。僕は、これは『家のホテル化』だと言っているのですがね」

そして、松尾氏は「最近、僕は肉体労働というのは変な言葉だと思うようになったのです」と、私の反応を確かめるように言った。

農業でも、建設現場でも、工場の現場でも、肉体労働という言葉が使われているが、実は肉体労働を機械に置き換えたのは第一次産業革命で、それから200年以上経っている。にもかかわらず、いまだに肉体労働という言葉がなくならないのは、実は肉体の問題ではなく、目の問題だと、松尾氏は指摘する。

機械に目がなかったために、目を持っている人間がかかわらなくてはならなかったのであって、人間の筋肉を必要としていたのではなく、目を持つ人間を必要としていた。だから肉体労働という言葉は現実と比べて違和感がありすぎるというのである。

松尾氏は、機械が目を持ったというのは、産業革命に匹敵する出来事だと言い切った。

日本は完全に「負け組」だ

それにしても、ＡＩの代表的な企業は、グーグル、アップル、マイクロソフト、アマゾン、フェイスブックなど、いずれもアメリカの企業で、日本の企業の名前はまったく出てこない。これはどういうことなのか、と松尾氏に問うと、「日本は完全に負け組なのだ」と断定的に言った。

——そこが一番お聞きしたいのですが、なぜ日本は負け組になってしまったのですか。松尾さんは、第五世代コンピュータが成功していれば、今のシリコンバレーの座に日本が就いていた可能性がある、とおっしゃいましたよね。

「ＩＴの世界、ＡＩもそうですが、日本は最前線にまったく食い込めていない。それは、ＩＴもＡＩも、若い世代ほど強いからなのです。20代が最強なのですが、日本は年功序列の国で、20代の人に、たとえば会社のディシジョン（意思決定）を任せるなんてことはあり得ない。

　それに対してアメリカは、フェイスブックを立ち上げたマーク・ザッカーバーグ、アップルのスティーブ・ジョブズ、グーグルのセルゲイ・ブリン、そしてマイクロソフトのビル・ゲイツやスナップチャットのエヴァン・スピーゲルなど、いずれも若い世代が創業し、意思決定をしています。

　日本の企業で意思決定をしているのは、50代、60代ですからね。勝てるわけがないです。AIに関わる人間のピーク年齢はスポーツ選手とほとんど一緒で、25歳くらいです」

――実は、日経新聞（2017年3月27日付）が、英国の科学誌「ネイチャー」の厳しい指摘を載せているのですが、日本の科学研究が、この10年で失速し、この分野のエリートの地位が揺らいでいるというのです。

　この10年間に世界で発表された論文数は80％増えているのですが、日本は14％しか増えていなくて、日本の世界シェアは2005年の7・4％から、15年には4・7％に低下している。

　つまり日本の科学技術の水準がどんどん落ちている、というわけです。なぜ、こうなってしまったのですか。

「僕は、10年ぐらい前から、そうなると予想していたのですが、その通りになった。まず、す。

日本のＧＤＰがほとんど伸びていないですよね。その原因は、ＩＴ産業が世界を牽引しているのに、日本のＩＴ産業が伸びていないこと。それは若い世代が活躍できていないからです。

ＩＴ産業においては、その研究というのはほとんど再投資ゲームで、技術をベースにしてお金を儲けて、それをまた技術に投資するという再投資のサイクルを作った人が勝つという、そういうゲームだと思っているのです。

そういうゲームに、僕は15年から20年くらい前に変わったと思っているのですが、ゲームが変わったことに、いまだに日本は気づいていないのです。国がお金を投資して、それですごい技術ができて、それが企業に移って、企業がお金を儲ける。その典型的な例がリニアモーターカーだと思っているのですよ」

松尾氏は怒りをあらわにして言った。

——松尾さんがおっしゃることはよくわかります。日本が決定的な落伍者になりそうなのに、なぜその認識が広まらないのですか。

「それは、繰り返しになりますが、日本では企業でも官僚機構でも、若い世代がディシジョンできない仕組みになっていて、権限を持つ50代、60代は、再投資ゲームに変わったことに気づいていない。そして現在のあり方に固執し続けているからです。

グーグルでもフェイスブックでも、もとの技術は大学にあったのかもしれないけれども、それをベースにして事業を作って、あとはそれをぐるぐる回して、お金がどんどん技術に再投資されるというサイクルを作り、それによってどんどん成長しているわけです」

そして松尾氏は、グーグルの検索エンジンを例に挙げた。検索エンジンの技術はいまやグーグルの中にしかなく、すさまじくレベルが上がっている。ところが、日本は昔ながらのゲームをしているので負けるしかない、というのである。

「日本では、『人工知能をやらなきゃ』ということになると、国が産総研（産業技術総合研究所）などにお金をつけて、それを『やれ』ということになる。だけど、日本のＡＩの予算を足し合わせても、年間で数十億円です。

それに対してグーグルは、一社で1兆4000億円なのですよ。これでは、戦闘機に竹槍で闘っているようなものです。日本がやらなければならないのは、それで事業を作って、儲けたら技術に再投資する、それをぐるぐるやるサイクルを作ることです」

――だけど、松尾さんが、いくらそのことをおっしゃっても、日本の意思決定者たちは聞く耳を持たないのでしょう。

「だから実は僕は、ディープ・ラーニングでＡＩに挑戦するプロジェクトで30社作ろうとしているのです。たとえば、牛丼を自動で作るとか、自動ドアをディープ・ラーニング方式にする、そして農業の自動化、ファッションや美容、労務管理などのサービスです。

こういうプロジェクトを30社分作れば、日本は変わることになると思います。僕は、これをやります」

松尾氏は、その覚悟と自信を示すように、強い語調で言った。

ところで、2015年の12月に、オックスフォード大学のマイケル・オズボーン博士などと野村総研の共同研究で、10〜20年後には、日本人の仕事の49%が、AIに取って代わられるかもしれないと発表したので、少なからぬ日本人が強い不安を抱いた。このことをどのように捉えているか、と松尾氏に問うた。

「これは、たとえば自動車産業を考えればいいと思うんですよ。自動車の輸出国になるのであれば、仕事は増えます。自動車を作るいろんな仕事ができますよね。部品を作ったり、ボディを作ったり、とね。

だけど自動車を輸入する国になると、やっぱり仕事は減るかもしれない。でも僕は失業の問題を不安視するよりも、国として産業競争力をつけるほうが先だと思っています。ディープ・ラーニングの技術をモノづくりと組み合わせていけば、経済成長するはずなので、まずそこを目指すべきだと思います」

松尾氏はAIの将来を前向きに捉えているようだった。だが、たとえば自動車の輸入国で仕事が減れば、失業問題が深刻になるのではないか。そのことを松尾氏に問うた。

「僕は、世界のことは、日本がもう一度力を取り戻してから考えたほうがいいのではないか、と思っているんです。今心配する余裕はないですよ」

――なるほど。それはよくわかります。ところで、ＡＩ関係者たちの間で、このところ第四次産業革命という言葉が聞かれます。

汎用ＡＩが普及して、２０４０年頃には、第四次産業革命が起きて、人間の成し得る仕事の大部分がＡＩに奪われてしまうのではないか、というのですが。

「僕は絶対にそんなことはないと思いますよ。今でも江戸時代の生活レベルでいいんだったら、仕事しなくていいんですよ。だけど仕事しているじゃないですか。

やっぱり人間というのは、競争をするものだし、認められたいと思うし、何か人よりいい思いをしたいという気持ちを強く持っていて、そういう人間たちが集まって、それぞれに仕事をして、よりよいものを目指しているので、それは変わらないと思います」

松尾氏は力強く言い切った。

「それに、僕が思うに、どの世界にも、怖がらせたい人はいるもので、また、なぜか怖がりたい人がけっこう多くいるのですよ。何か心配したいのですね。だから、学校のトイレに幽霊が出る、なんて話がいつまでたってもなくならないのですよ」

松尾氏は苦笑しながら言った。

とすると、少なからぬメディアが、そうした怖がりたい人々を相手に、人工知能の将来を悲観的に描く書物を出版しているということになるのだろうか。

（２０１７年４月18日取材）

第3章　AIで自動運転、抗がん剤開発も。34歳社長の挑戦

――西川徹（プリファード・ネットワークス社長）

なぜ起業する道を選んだのか

いま、日本のＡＩ関係者たちが非常に注目しているベンチャー企業がある。トヨタやファナック、そして国立がん研究センターなどが、次々に提携し、アメリカのマイクロソフトとも戦略的協業をしているという。

その企業とは、プリファード・ネットワークス。社長の西川徹氏は、なんと34歳である。東京・大手町の大手町ビル２階にある本社オフィスで、西川氏に会った。

実は、西川氏には２０１６年10月にも別の取材で会っていたのだが、このとき私は人工知能というものについて、ほとんど無知であった。

西川氏は小学校４年のときから、パソコンでプログラミングを始め、中学、高校ではパソコンの研究部に入り、ゲームやコンピュータグラフィックなどを作るプログラムを書いていたという。

大学は、東京大学理学部の情報科学科に進学し、１年生のときから、チームを組んで大学対抗の国際コンテスト「ＡＣＭ－ＩＣＰＣ」に毎年出ていた。たとえば、複雑な迷路をどうやってゴールにたどり着くか、といった問題が８〜９問出されて、プログラミングによって解くわけだ。

大学院1年のときには国内予選、アジア大会と勝ち抜き、テキサスで開かれた世界大会で、約80チームの中で19位に食い込んだという。この体験で、一人の天才がいなくても、チームで一人ひとりの強みを掛け合わせれば、大きな力を持てるんだと実感したのだという。

同級生たちの多くはグーグルなどＡＩのトップ企業に就職したが、西川氏はどこにも就職せず、２００６年に起業した。なぜなのか、と問うた。

「大学での技術研究と、産業界の間にある深い溝にジレンマを感じたんです。大学は論文を書くことが主な目的になっていて、せっかくいい技術があってもなかなか製品化されない現状がありました。

一方、グーグルに代表されるように、ＩＴの分野では新しい研究がすぐに実用化されていく流れがある。それを見ていて、僕らもアカデミックで生まれた最新の技術を製品にしてすぐ届けられる組織を作りたいと思ったのです」

西川氏は、同級生やコンテストでライバルだったメンバーを含めて、東大と京大のプログラマー仲間６人で起業した。

西川氏たちが、最初に立ち上げたのは、プリファード・インフラストラクチャーという企業だったが、２０１４年にプリファード・ネットワークスとなった。これはどういう経緯があるのか。西川氏に問うた。

「最初はとりあえず持っている技術で起業しましたが、ビッグデータを扱ってさまざまな技術分野に触れるにつれ、ようやくやりたいことが見えてきました。具体的に言うと、人工知能を自動車やロボットといったたくさんの機械に埋め込んで機械を賢くしたり、機械同士が連携してより複雑なタスクをこなせるようにする技術をやりたくて、事業を思い切ってシフトしました」

――だけど、人工知能の分野では、グーグルなどアメリカの企業がはるかに先行しているはずですが、西川さんの会社はどうやって勝負するのですか？

「僕らはもっとリアルの世界、現実の世界に人工知能を提供していきたいと思っています。

実は人工知能は、インターネットなどオンラインの世界ではかなり普及していますが、オフラインの世界には、まだぜんぜん適応できていないんですよ。

たとえば、今も自動車はほぼすべて人間が運転しているし、工場のロボットも基本的には人間が動きをコントロールしています。

私たちは人間がコントロールしたり教え込んだりするのではなく、機械自身が学習して複雑なことができる世界を目指しています。具体的に考えているのは、自動車、製造用の工作機械、それからライフサイエンスの3分野で、そういう世界をつくろうとしているのです」

実はここまでは、２０１６年10月に取材したのである。この時点では、恥ずかしい話だが、人工知能を可能にしたディープ・ラーニングのことをわかっていなかった。

――西川さんは、前回、オフライン、つまりリアル（現実）の世界に人工知能を適応させたいのだとおっしゃった。これは面白い発想です。そして、ディープ・ラーニングの先にある世界、こういうものをつくっていきたいと言われた。これはどういうことですか。

「ディープ・ラーニングによって、個々の機械、ひとつひとつのロボットというのは賢くなっていって、どんどん人間ができることに近づいていくとは思うんですが、僕らは人工知能の価値というのは、単にひとつひとつの機械が賢くなるだけではないと考えています。

人間と人工知能の大きな違いというのは、人工知能がコンピュータの上で動いているということだと思います。そして、コンピュータの上で動いているということは、要は知能を自由にコピーすることができる。

人間というのは知能、いわば学習した結果を伝え合うというのは非常に難しいけれど、機械は簡単にほかの機械と通信することができる、だから個々の機械を賢くするだけでなく、賢くなった機械同士を協調させるチームをつくることができるわけです」

私は、西川氏がファナックのロボットのことを語っているのだと捉えていた。それでは、機械を、ロボットを賢くさせるとはどういうことなのか。

「機械学習を使わない場合、ロボットに動作をさせるためには、動かすべき物のどこをつかんで、どこまで運んで、どこに落とすか、と人間が事細かに教えなければならなかったのですが、賢くなるということは、そういう必要がなくなるわけです」

トマトをつぶさずにつかめるか

東大の松尾豊特任准教授が、第一次産業革命以来200年にして、機械がついに「目」を持ったと指摘した。だが、見えることと、つかむことには少なからぬ距離がある。そのことを西川氏に問うた。

「たしかに、見えたとしても、どこをどのようにつかめばよいかはわからない。これは人間が子供の頃から、いろいろ試行錯誤を繰り返して学習するように、ロボットも試行錯誤を繰り返して学習するのです。

　僕たちがファナックさんと最初に試みたことは、箱の中にいろんな物をばらばらに入れておいて、ロボットにつかませようというものでした。約8時間後には、勝手につかめるようになりました」

――たとえば、アマゾンの倉庫管理で、以前は何を取り出すかを全部人間がやっていたのが、現在では自動化されているのですかね。

「自動化しようとしているのですが、まだ人間がやっているはずです。そこでアマゾンではピッキング・チャレンジというコンテスト（２０１７年に「アマゾン・ロボティクス・チャレンジ」と改称）をやっていて、実は僕らも参加して、棚から物を取り出すタスクでは、僕らは1位のチームと同点を取ることができたのです」

　西川氏のプリファード・ネットワークスは、ピッキング、つまり、物をつかむ技術にも相当自信を持っているようだ。

　しかし、イチゴやトマトなど、柔らかい生（なま）ものを自動的につかみ取るにはどうすればよいのか。強くつかめばつぶれてしまう。このあたりの微妙な加減を自動化できるのか。西川氏に問うた。

「たしかに、強くつかめばつぶれてしまいます。それに、イチゴにしてもトマトにしても形や大きさが全部違います。そういう農産物に対しても、どこをどのようにつかめばよいのか、正確に把握することができるようになりつつあります。ディープ・ラーニングの力によるところが大きいのですが、それと賢くなったロボットとの組み合わせによってです」

そして西川氏は、「ロボットも、人間と同じように成長する」のだと強調した。

ところで、人工知能はいろんな能力を持っているようだが、創造力を持てるようになるのだろうか。そのことは、私が人工知能を学びはじめたときから持っていた疑問で、松尾豊氏に聞き漏らしていたのである。

「それはある程度までは持てると思います。人間の創造力も、完全なゼロからではなく、いろんな知識の組み合わせの部分が多いですからね」

そして西川氏は、PaintsChainer（ペインツチェイナー）というサービスを紹介した。プリファード・ネットワークスが開発したのだという。

「これは人間が線画を与えてやると、自動的に色を塗ってくれるんです。なぜ色がわかるかというと、線画と絵の組み合わせを大量に学習させることによって、こういう形をしているところは髪の毛だし、ここに影がついているんだろうなとか、ハイライトがあるんだろうと覚えていくのですね。それでペインツチェイナーができるようになった。

いままでは、けっこう絵を描くということは人間の特別な能力だと思われていたのですが、このサービスを公開してから、人工知能にも創造性に近いことができるのだと、多くの人たちに思っていただけるようになったのではないでしょうか」

トヨタと組んでやっていること

――話題を変えて、自動車の話をお聞きしたいのですが、トヨタと契約されていますね。自動運転となると、景色を完全に認識しなければなりませんが、これはできるのですか。

「究極的には商用段階になるまでには、景色というものを完全に把握できていないといけないと思います。人間のレベルに限りなく近づけないと、怖くて自動運転車に乗れないじゃないですか」

西川氏は、「怖い」と全身を使って表現した。

たとえば、「渋滞中」「事故あり」などさまざまな道路標識や信号は認識できるのか。西川氏に問うた。

「現在、アメリカでは、グーグルなどが公道で自動運転車を試走させているので、標識や信号の認識技術はかなり進んでいるはずです。ただ難しいのは、たとえば新宿のようにネオンサインがきらびやかに光っていて、いろんな看板がやたらにある道路だと、信号や標識を見分けることが、非常に困難になります」

——運転の基本なのですが、ブレーキを踏む判断。どんなときに、どんな速さ、どんな強さで踏むかは、自動運転で判断できるのですか。

「おそらく、どの会社もその辺のことは、ルールで書いていると思います。このぐらいの速度で近づいてきたら、これくらいの踏み方をする、とね。それをルールで書くのは、それほど難しいことではありません」

——それはアクセルの場合も同じですか。前の車と、どの程度の距離間隔を保つ、とか。

「それは、人工知能を使わなくてもできます。たとえばメルセデス・ベンツが数年前に売り出した車でも、高速道路では前の車と、一定の車間距離を保ちながらハンドルから手を放して走れるようになっています。難しいのは、さっきも言いましたが、新宿のようなネオンサインがきらびやかに光っている道路です」

——たとえば一般道路で、子供が飛び出してきた場合など、自動運転でとっさに判断できるのですか。

「それはきわめて難しいです。なので、子供が飛び出してきそうなシチュエーションであれば、よほど速度を落として進むしかないですね」

西川氏の説明を、私は、子供が飛び出してきそうな道路では、自動運転車は当分無理ということだと捉えていた。それでは、自動運転が実現するのは、何年頃なのだろうか。アメリカでは２０２０年までに実現すると意気込んでいる企業もあるようだが。西川氏に確かめた。

「高速道路は簡単なんですね。車しか走っていなくて、信号もない。しかし一般道路は簡単ではない。子供が飛び出してきたり、それに新宿のような道路も少なからずある。２０２０年までに自動運転車を実現させると言っている企業もありますが、たとえ２０２０年に自動運転車が出てきても、僕は怖くて近づきたくないですよ」

西川氏は大きく首を振って言った。それでは、西川氏も安心して乗れるような自動運転車は、何年後くらいに実現するのだろうか。

「本当に完璧な自動運転車が実現するのは、今見えている技術だけだと、10年以上はかかると思います。ただ、技術革新がどのように進むか、それは加速させたいとは思いますがね」

自動運転車について、西川氏は、思いのほか慎重だった。当事者としての責任意識が慎重にさせているのだろうか。実際、最近になって自動運転車の試験走行中の事故が、アメリカで続発している。

抗がん剤研究に威力を発揮

プリファード・ネットワークスは国立がん研究センターと共同研究している。そこで社長の西川徹氏に、今どのような研究をしているのか、と問うた。

「国立がん研究センターと協業して、たとえば乳がんの診断精度を上げることなどを、ディープ・ラーニングを使ってやっています」

――ディープ・ラーニングを使うと、どのようなことができるのですか。

「端的にいえば、ミスが減ります。実をいえば、マンモグラフィー（乳房レントゲン撮影）では、5人に一人くらいの割合で診断を間違えてしまうんです。だから、がんが発見できなくて、そのために手遅れになってしまうケースが少なくありません。

ですが、ディープ・ラーニングで、血液の中を流れている、がんに関連する物質を分析することによって、間違いを100人に一人以下にすることができるのです。それを実用化しようと、がん研究センターと協力しながらやっています」

――ディープ・ラーニングで分析すると、なぜそんなに精密にわかるのですか。

「その原因については、正直にいって僕らも、なぜこんなに高い精度が出るのか、びっくりしています。

おそらく、がんに関連している物質はたくさんあって、今までの手法だと、その中からいくつか強く効いている物質を取ってきて、それで判断していたのですが、実はあまり効いていない物質も、細かく関連しあっているんです。何千種類もの物質があって、細かく関わりあってがんになる。

その細かいさまざまな相互作用を、ディープ・ラーニングはおそらく捉えることができるのではないか、と。だから高い精度が出ているのだと思いますね。その原因解明に関しては、僕らが今まさに研究を進めているところです。

しかし、実際に、数字として99％以上の確率を出せてしまっているので、これから、なぜそういうことになるのかを解明していくことが、がんの解明につながると思っています」

西川氏は慎重ではあるが、自信のある口調で言った。

――乳がんだけではなく、肺がん、胃がんなど、いろんながんの原因を解明することになる、ということですか。

「そうですね。時間はかかりますが、がんの原因も正確に読み取れるようになると思います」

――昔は、がんは手術をするのが基本だったと思いますが、現在は薬で治すというやり方が増えているようです。西川さんたちの研究が進むと、この傾向がもっと強まることになるのでしょうか。

「その傾向は強まると思います。がんを治すときに、どういうがんにどういう薬を投入すればいいのか、という研究・開発が、今多くの大学や製薬会社で懸命に進められています。現在、いろいろな抗がん剤ができていて、たとえば小野薬品工業の『オプジーボ』など、もちろん治らないケースもありますが、薬を投与するだけで末期であっても治るケースもあるんです。

それは間違いなく、たとえば肺がんにもいろんな種類があって、その抑え方というのは、それぞれ違うのだ、と。だから、うまく薬がマッチすれば、完治もできてしまう。そこで、その仕組みを解明できれば、おそらくがんは手術しなくとも治せるようになるのではないか。まさに、そこに僕らがやっている研究・開発がつながってくると思っています」

西川氏の説明には、気負いはないが、説得力があった。

――具体的に、どこかの製薬会社と契約はされているのですか。

「今はがん研究センターとメインでやっていて、製薬会社とは契約していません。引き合いはいろいろあるのですが、どこかと手を組んでしまうと、ほかの製薬会社と関われなくなってしまいますから……。ただ、がんの研究が一番進んでいて、また、本格的に取り組んでいる国立がん研究センターと組んでいれば、問題はないと思います」

日本は本当に遅れている？

西川氏のプリファード・ネットワークスと国立がん研究センターの研究が実って、がんというものの原因が解明できるのは何年くらい先なのだろうか。

そこで、話題を一転させた。

２０１７年6月2日に、日経新聞が一面トップで、世界の企業の時価総額についての特集をやっていたが、時価総額が高いのは、グーグル（アルファベット）やアップル、マイクロソフト、アマゾンなどアメリカのＩＴ企業ばかりだった。日本の、とくに大企業はＡＩの導入が相当遅れているようだ。

それはなぜなのか、と西川氏に問うた。

「たしかにグーグルはかなり進んでいます。グーグルが強力なのは間違いありません。彼らのもとには大量のデータと、たくさんの優秀な人材が集まっていますからね。けれども、日本のＩＴ企業が世界的に見て遅れているかというと、そんなことはないと思います。

たとえば私たちが提携しているＤｅＮＡさんなどにも、非常に優れた技術がありますし、優秀なエンジニアがいます。世界的に見て、取り返しがつかないほど遅れているとは思っていません」

西川氏は強い口調で言った。

——西川さんのプリファード・ネットワークスは、グーグルやアップル、アマゾンに負けていない。だから期待が集まっているわけですよ。実は、東大の松尾豊さんが言っていたのですが、グーグルや、マイクロソフト、そしてフェイスブックにしても、創業時のトップ、つまり意思決定者の年齢が非常に若い。

それに対して日本の企業は20代、30代には意思決定権がなく、持っているのは50代、60代だ。これが問題だと指摘した。その点、西川さんは34歳とずば抜けてお若い。この問題はどうですか。

「その問題は確かにあります。しかし、人工知能による変化は、もっと広く産業全体に起きるわけです。グーグルやアップル、フェイスブックなどは、ウェブサービスという点では最強ですが、オフラインの世界のほうがもっと規模が大きい。そして、この分野では日本は決して劣っていない。むしろ勝っています」

——早い話が、アメリカの特に第二次産業のハードウェアの部分が、人件費が高いために、アメリカからどんどん抜け出して、メキシコや、中国などアジアの国々に行ってしまった。

だからアメリカの、特にラストベルト（さびついた地域）と呼ばれるかつて製鉄や製造業で栄えた五大湖周辺の地域では失業者が多い。トランプが大統領に当選したのは、白人労働者たちの不満が爆発したからで、車などハードウェアでは大変な輸入国になってしまった。

「そうですね。どんなものでも、ものをつくるときって、品質が非常に重要になるのですが、そこはやはり日本が優れていて、自動車にしても、日本からはアメリカに輸出していますが、アメリカ車の日本への輸入は増えない。

トランプ大統領は、日本が輸入を規制しているかのように言っていますが、そんなことはない。アメリカの自動車メーカーが、日本人のニーズに合った車をつくろうとしていないからですよ。品質の点では、最近、中国もだいぶ進んできて、日本もうかうかしていると中国にやられる危険性があります」

――コモディティ化ということですね。だから西川さんは、日本の強いオフラインの世界、ウェブではないリアルの世界に人工知能を取り込む。リアルの世界を人工知能に適応させるのだ、と力説された。この発想はすばらしいと思います。

最後に、西川氏に、松尾豊氏にも問うた、少なからぬ日本人が覚えているはずの不安をぶつけた。

ＡＩは私たちの仕事を奪うのか

２０１５年12月に、オックスフォード大学の研究者と野村総研の共同研究で、10年、20年後には日本人の仕事の49%がＡＩに奪われる可能性があると発表されて大きな衝撃を起こした。この共同研究の結果を、西川氏はどのように捉えているのか。

「あまりその心配はしていません。たとえば、先ほどのPaintsChainer、つまり色を塗るサービスを開発したからといって、今のイラストレーターの人たちの仕事がなくなるわけではありません。イラストレーターの人たちが、このツールを使いこなして、もっと創作活動を効率化して、今までそういったことになかなか手を出しにくかった人々も手を出せるようになるわけでしょう。

それに、今、アニメーションの業界はものすごくブラックじゃないですか。一コマ、一コマ、何枚も色を塗る作業は、すごく時間がかかるわけですね。そういったところを効率化することができれば、人間の生産能力を高めることができるわけです。

だから、僕は、ＡＩは人間の仕事を奪うのではなく、能力を拡張するためにあると思っています。たとえば、馬車の時代に、自動車が出てきたら人間の仕事がなくなるのかと思ったら、自動車をもとに新しい産業がどんどん出てきました」

――確かに、第一次産業革命が起きた1810年代に、職人たちが、機械が仕事をするようになれば、職人たちの仕事がなくなると、機械打ち壊し（ラッダイト）運動を起こしましたが、結果的には仕事がどんどん増えた。ＡＩの導入も、それと同じですか。

「そう思います。技術が発展していくと、もっともっと創作活動をする人が増えて、その市場が盛り上がるはずです。確かに、既存の産業の一部はシュリンク（縮小）するだろうと思いますが、もっと大きな新しい産業を生み出す可能性を、常にテクノロジーは秘めているのではないか、と僕は思っています。

それに、製造業の世界でも、少子化で人が足りなくなるほうが問題なのであって、仕事が過重になる、あるいは深夜労働をどうするか、日本の場合は、そちらのほうを解決するのが先ではないのですか」

ＡＩ化は、人口減少の日本にこそ必要だ、というわけだ。

ところで、多くの経済学者たちが、もはや世界に未開の市場というものはなくなり、しかも既存市場は飽和状態で新しいニーズはなく経済成長はあり得ない、と主張しているが、西川氏はどのように捉えているか、と問うた。

「僕は市場はどんどん広がる、としか考えられなくて、僕らの会社でも、もっぱら今後売り上げをどのようにして上げていくか、という会議ばかりしています。

僕はニーズに限界があるのではなくて、イノベーションが新しいニーズを創り出していくのだと考えています。インターネットが新しい仕事やサービスを生み出し、スマートフォンが、いままでなかった職業やサービスをどんどん創り出しているじゃないですか」

西川氏は、いかにも時代の挑戦者（チャレンジャー）らしい口調で強調した。

（2017年6月9日取材）

第4章　日本の産業を「小作人」化の悪夢からどう救うか

——柳瀬唯夫（経済産業省経済産業政策局長）
——井上博雄（経済産業省経済産業政策局産業再生課長）

話を聞いた。

新しい産業が出てこない

日本政府が、AI時代にどう取り組むか、という成長戦略プロジェクトを創設したという
総理大臣を議長として、経済再生相、経済産業相、官房長官を副議長に、そして五神真(ごのかみまこと)(東京大学総長)、榊原定征(さかきばらさだゆき)(経団連会長=当時)、中西宏明(日立製作所会長、現・経団連会長)各氏などの民間人も加えた司令塔(未来投資会議)の下に、「未来投資戦略2017」というプロジェクトを構築したのだという。「Society5・0」と称している。

一体、どういうことをやろうとしているのか。プロジェクトの目的は何か。

このプロジェクトのキーパーソンの一人を探り出した。

経済産業省の経済産業政策局長である柳瀬唯夫(やなせただお)氏である。

なんとか、柳瀬氏に話を聞くことができた。

彼は、まずアベノミクスの成果として、完全失業率が2017年2月で2・8%と、世界のどの国にも例がないほど低いこと、有効求人倍率が、最低の沖縄でも1を超えていること、企業の経常利益が2015年に68・2兆円で過去最高になったことなどを強調した。

つまり雇用状況も企業収益も、アベノミクスの成果がはっきり出ているというわけだ。

それでは、なぜ今、わざわざ大掛かりな成長戦略プロジェクトなど作ったのか、と柳瀬氏に率直に問うた。

「実は、これは先進国の共通の問題でもあるのですが、新たな需要が出てこない、そして消費が伸びない。これは消費税率を上げたので、一時的に下がるのは予想していたのですが、その後もまったく戻らない。これが非常に問題で、私たちは第四次産業革命と称しているのですが、ＡＩ、ＩｏＴ、ビッグデータ、ロボットなどの先端技術をあらゆる産業や社会生活に導入して、新しい需要の創出と生産性の向上を図りたいと考えているのです」

柳瀬氏は丁寧に説明した。

だが、彼らが大掛かりなプロジェクトを作ったのには、実はもっと深刻な原因があったのである。

ひところ、任天堂やソニー、バンダイ、セガ、ＤｅＮＡ、カプコンなどのゲームを作っている企業が、いずれも売り上げをどんどん伸ばしていたのだが、アメリカのアップルやグーグルがプラットフォームを独占して、日本のゲーム企業がいずれも、いわば「小作人」化し、儲けの主導権を奪われてしまった。

このままいくと、自動車をはじめ、日本の多くの産業が、アメリカのＡＩの最前線企業の「小作人」化してしまうのではないか、と柳瀬氏たちは強い危機感を抱いて、だからこそ

「Ｓｏｃｉｅｔｙ５・０」なるプロジェクトを創設したのである。

柳瀬氏は「第四次産業革命の第一章、つまりネット上のデータ競争では、プラットフォームをアメリカの企業に握られてしまった。だから第二章では、逆に日本がプラットフォームを握る、そのためのプロジェクトなのだ」と強調した。

だが、プラットフォームとはどういうことなのか。なぜ、ゲーム、コンテンツではアップルやグーグルにプラットフォームを握られてしまったのか。日本がプラットフォームを握るとは、具体的にどうすることなのか。

実は、情報誌『ＦＡＣＴＡ』の２０１７年７月号に、非常に気になる記事が載っている。グーグルの副社長だったセバスチャン・スランという人物が起業した「ユダシティ」というベンチャー企業がある。その「ユダシティ」が、何と、自動車を「スマートフォン化」することを考えているというのだ。いま、世界の自動車メーカーが、自動運転車の開発に必死になっている。トヨタ、ホンダ、日産などは、そのためにシリコンバレーに研究所を設けているのである。

ところで、自動運転というのは、いくつかのソフトに分解できる。景色を見る、標識や信号を見ることから始まって、アクセルを踏む、ブレーキをかけるなど、いくつものソフトが組み合わさっているのである。そして、それらの基本ソフトを「ユダシティ」が握る、つまり自動車をスマートフォン化すると、トヨタやホンダは「ユダシティ」の「小作人」化してしまうことになる。アップルやグーグルがプラットフォームを独占して、日本のゲーム企業がいずれも「小作人」化したように、である。

また、「ユダシティ」は、グーグル、フェイスブック、アマゾンといったアメリカの企業だけでなく、ドイツのBMWやボッシュ、韓国のサムスンなどの協力を得ているのだという。つまり、日本企業は蚊帳(かや)の外なのである。ある日本企業が、「ユダシティ」の運営に関わろうと参画を打診したところ、「日本企業はクライアント（顧客）だ」と断られたのだという。

こうした現実を知ると、柳瀬氏たちがプロジェクトづくりに懸命になるのも納得できる。

「新産業構造ビジョン」

それにしても、繰り返しになるが、柳瀬氏たちは、第四次産業革命の第二章で、具体的にどういうことをやろうとしているのか。

そのことを問うと、「具体的に最も詳しい人物」として、井上博雄氏という官僚を紹介してくれた。

井上氏は、経済産業省、経済産業政策局、産業再生課長である。

経済産業政策局の飾り気のない会議室で井上氏に会った。

柳瀬氏も含めて、経済産業省の官僚は、明るく元気で、曖昧さがなく、はっきり話す人物が多いが、井上氏は、その典型のような人物であった。

井上氏は私に、「新産業構造ビジョン」という50ページ弱の印刷物を示した。タイトルの下に「一人ひとりの、世界の課題を解決する日本の未来」と記してある。

まず、「新産業構造ビジョン」とは何か、と井上氏に問うた。

「その狙いは何か、と言いますと、人工知能をはじめとする技術のブレークスルーがアメリカ、中国、ドイツなどで進むなか、一人一人の暮らしはどうすれば豊かになっていくのか、また、企業が競争力を持つためにはどのような日本の強みを生かし、弱みを克服する必要があるのか、こうした議論を広く行うたたき台を示すことにあります。柳瀬も説明したと思いますが、現状ではアベノミクスの一定の成果は出ているものの、需要も供給も長期間停滞して動いていません。新しい技術が世界ではどんどん出てきても、それが日本では社会の中に入っていかない。日本発のベンチャーや世界をリードする産業が生まれてこない。だから、新しい技術を入れるためには、社会全体を大きく変えるべきだ、と。そこで『Society5・0』というイノベーションを生み出すコンセプトが重要になったわけです」

井上氏は力を込めて説明しているのだが、私にはさっぱり理解できなかった。一体、社会を変えるとは、具体的にどこをどのように変えるつもりか。

「必要なものや、サービスを、従来のような大量生産方式ではなく、必要な人に、必要なときに、必要なだけ提供できて、一人ひとりのニーズにきめ細かに対応できる。ちょっと、教科書的な言い方ですが、年齢、性別、地域、言語といった様々な違いを乗り越えて、先端技術を活かし、一人ひとりの課題が解決できる、活き活きと快適な暮らし方ができる社会にする。そうすれば、少子高齢化や水・食糧・環境問題などに直面する世界では、いままで放置されてきた潜在需要が開花し、新しいイノベーションが日本発で生まれるはずだ、と私たちは捉えているのです。それでは、なぜこのような社会が実現するのか、といえば、それはものすごい技術のブレークスルーが重なって起こっているからです」

井上氏は、「Ｓｏｃｉｅｔｙ５・０」について、ひと息に語った。

ソフトウェアを作れない国・ニッポン

それでは、「ものすごい技術のブレークスルー」とはどういうことなのか。

「たとえば、世界のデータ量は２年ごとに倍増しているし、コンピュータの能力は、ムーアの法則ですが、２倍、２倍と増えている。さらに、東大の松尾豊先生にお聞きになっているでしょうが、ディープ・ラーニングの登場で、ＡＩが、『えっ、えっ、えっ』と驚かざるを得ないほど非連続的な進化を続けています。そして、松尾先生が強調されているように、第一次産業革命以来、２００年にして機械が『目』を持つようになり、これまで人間がすべてチューニングしていたロボットが、自力で学習して、自分で判断ができて動けるようになった。これはものすごい進化ですよ」

そして井上氏は、「数年前には、日本の経済はこんなに巨大なのだから、人工知能ごときで変わるわけがない、社会のあり方が変わるなんてことはない、という意見が一般的だったかも知れません。ところが、その常識がひっくり返ったのですよ」と、自分でも半ば信じられないといった口調で言った。そして、さらに続けた。

「人工知能とか、ＩoＴ、ロボットとか、これらはたしかに一つ一つは個別の技術なのですが、実はすべてにつながる『共通基盤技術』です。この技術がすべての分野の技術、データと掛け合わされると、それぞれの分野でまったく新しいサービスや製品が生まれる。これが共通基盤技術のすごいところで、このことによって、これまで実現不可能と思われていた社会の実現が可能になり、それに伴って、産業構造や就業構造が劇的に変わる可能性、あるいは恐れが強まった。これが『第四次産業革命』ということで、世界中が大騒ぎになっているのです」

井上氏は自信を込めて言った。

その井上氏に水をさすようであったが、「人工知能というと、グーグル、アップル、アマゾン、フェイスブックなどアメリカ企業ばかりが最前列にいて、日本企業は遅れていますね。なぜなのですか」と問うた。

「それは、やっぱり負の連鎖だったのだと思います。世界の先を行くようなソフトウェアを開発し、新たなサービスや市場をつくり上げていくような人材層が、日本は非常に薄いのではないかと指摘されています。たとえば日本のソフトウェア企業が主として儲けてきたのは、ソフトウェアそのものではなく、コンピュータシステムを大企業に納入して、それのメンテナンスだった。だから、新たなニーズを見通して革新的なソフトウェアを新しく作って、それをパッケージにして世界に売っていくというビジネスモデルでは、日本はなかなか競争力を持てなかったのではないでしょうか」

井上氏ははっきりと言い切った。日本企業の弱点を曖昧にしないで言い切るところが経産官僚らしい。

「リアルデータ」が主戦場になる

――その点ですが、柳瀬さんに、なぜ「Ｓｏｃｉｅｔｙ５・０」をやるのか、と問うと、このままだと、日本の多くの企業がアメリカ企業の小作人化しかねない、だから「Ｓｏｃｉｅ ty5・0」を立ち上げたのだ、と強調されていましたが。

「まさにその通りでして、今回の成長戦略の議論は、そこから発しているのです。新産業構造部会の委員の一人が、〝ゲーム部門は小作人化した〟と問題提起されています。たとえばトヨタやホンダ、パナソニックや日立などが小作人化したら、日本では働き口の点でも、未来に向けたイノベーションの点でも、大変な危機となってしまいますよ」

井上氏は危機意識を剝き出しにして言った。

――それでは小作人化しないために、具体的にどうするのですか。

「だから、新しい時代の『プラットフォーム』を、日本がどうやってつくりあげていけるか、ということです」

――第四次産業革命の第一章はアメリカ勢にしてやられたわけですが、第二章で逆転できますか。

「トヨタやホンダ、日産などの自動車企業についていうと、後でも述べますが、プラットフォームをつくるには、何と言っても『強み』がなければならない。それでは日本の強みは何かといえば、ハードウェアである自動車単体そのものは非常に強い。世界中で売れているわけですからね。そこで、この単体に言わばデータの発信器を乗せて、世界中を走っている車からデータを本気で集め始めたら、グーグルが自社のみで集めているより圧倒的に多くのデータが集められます」

――プリファード・ネットワークスの西川徹社長が言っているのですが、グーグルやアップル、アマゾンなどはオンライン、つまりバーチャル・リアリティの勝者だと。それに対してリアル、オフラインでは日本は強い、と。いま、井上さんが言ったように、トヨタの車は世界を走っているわけですよね。

「まさに、そこなのです。『バーチャルデータ』、つまりネット上でのデータ競争では、アメリカ勢にプラットフォームを握られたけれど、これからのデータの主戦場は、現場のデータで、僕らは『リアルデータ』と名付けています。今後は、医療、介護、製造現場、自動走行といった『リアルな世界のデータ』が勝負の肝になります。これはグーグルもアップルもアマゾンも、まだ集め切れていないのです。リアルデータは、どこかに転がっているデータではありません。それぞれ規制があったり、各社が保有していたりして簡単には集められない。だからこそ、いまだ活かしきれていないビジネスの可能性も大きいと考えています」

――そこで、リアルな世界のデータを集めてどうするのですか。どうやってプラットフォームをつくるのですか。

「具体的にはデータを取って、そのデータを利用可能な形に加工して、ＡＩを使って解析します。その結果、過去の分析だけでなく、将来の予測もできるようになる。こうした新たなアルゴリズム・人工知能で今度はロボットとか自動車など現実世界のものを動かす。そうなるとバーチャルの世界だけではなく、現実にいろんなものを作ったり、動かしたり、変えたりすることができるようになる。ここまでくると、ソフトだけの話よりも、経済規模は圧倒的に大きくなるわけです。そして、こうしたサイクルがさらに回っていくと、どんどんＡＩの頭はよくなっていくので、ますますすばらしいサービスや製品が生まれていくわけです」

——井上さんの言われることは、なんとなくイメージはわかるのですが、具体例を示してほしい。具体的にどんなことができるのですか。

「たとえば、介護で最近面白い動きが出ています。世界中に、介護についての系統立ったデータはあまりないのですが、日本の介護事業者が埼玉県和光市と組んで、面白いことをやっているのです。日本の自治体の多くは、市民や町民たち一人一人についてのデータを蓄積しているのですが、和光市と組んで、それを全部ＡＩで解析した。そうすると、たとえば数万人の高齢者について、こんな症状の人は、こういうケアプランをやると、これぐらいの確率でよくなるということがわかり、理想型のケアプランを作り出すことができるようになる。ＡＩを使ったケアプラン作成は、スタンフォード大学の研究者も非常に強い関心を持っており、『一緒にやりませんか』という話から始まっています。スタンフォードのＡＩとの掛け合わせで、データの分析が進めば、精度がどんどん高くなる。当然、介護度も少なからず改善される。スタンフォードも日本の関係者も皆わくわくしているようです」

――とても面白い話ですが、下手をするとスタンフォードに取られてしまうのではないですか。

「そこなのです。産業革新機構の協力も得て、スタンフォードの人工知能のモデルは使うのだけれど、データや知財権は日本の法人に帰属するという契約を目指しておられます」

もっとも、実は介護には難しい問題があった。現在の介護報酬体系は要介護度が重いほど報酬が高く、ＡＩの導入によって介護度が改善されると、介護施設の収入が減ることになる。だから介護施設は、どこも介護度の改善を歓迎しないという現実があった。だが、今回の介護報酬改定で改善を報酬上で評価する仕組みが一部新設されるなど矛盾の解消に向けた動きが出始めている。

今はまだ横一線

――自動車について聞きたいのですが、トヨタなどの日本企業が、プラットフォームをどうやってつくるのですか。

「自動車の一番の肝は、やはり安全性だと思います。自動で運転できる技術も、人工知能でどうやって高い安全性を実現するかということです。ここの部分は、現在の僕らの理解では、まだ日本の企業もグーグルも、ドイツも含めて横一線で、どこが勝ちそうか、という気配はありません。だけど、どこかで頭一つ抜けると、すごく怖い。ですから、日本の企業は、数年前は人工知能が真の競争力になるとは思っていなかったかも知れませんが、いまはどこも必死でやっておられます」

――そのトヨタもホンダも日産も、みんなシリコンバレーに研究所を作っていますね。

「アメリカのどこかの企業に頭一つ抜かれたら、本当にやられてしまいますからね。だから、何としても日本の企業に勝ってほしい。その意味で、田原さんがおっしゃった、プリファード・ネットワークスの西川社長の取り組みは大いに期待されているのです」

――プリファード・ネットワークスはトヨタと契約していて、西川氏のトヨタへの思い入れはすさまじい。話は飛びますが、私は、あの会社はもしかすると日本のグーグルになるのではないか、と期待しているのですが。

「僕もそう思います」

――トヨタの他に、ファナック、国立がん研究センター、そして再生医療の山中伸弥（京大iPS細胞研究所所長）さんとも組んでいますね。

「おっしゃる通りです。医療分野での取り組みも大変大きな可能性を持っていると思いますね。自動車に話を戻すと、僕は人工知能のアルゴリズム（問題を解くための手順）だけでなく、たくさんデータを食わせて進化した学習済みのモデルに大きな価値があると見ていて、その意味で世界中を走っているトヨタ等の日本企業は強いのではないでしょうか」

そして井上氏は、シリコンバレーにあるトヨタの人工知能研究所ＣＥＯのギル・プラット氏についての興味深い話を紹介した。

「ギルさんに『ＤＡＲＰＡ（アメリカ国防高等研究計画局）のスーパースターだったあなたが、なぜトヨタを選んだのですか』と聞いたら、『トヨタの車はいったい毎日何万キロ走っていると思いますか？　あそこからデータを吸い上げたら、どれだけのことがわかるか』と答えたのです。これは自動車以外の企業にはない強みだ、ということです。そして『トヨタという会社にはものすごくものづくりを大事にする文化がある』とも強調していました」

日本には３つの強みがある

次に西川氏の会社が契約している産業用ロボット大手のファナックのことをどう捉えているのか、と井上氏に問うた。

「ロボットはアメリカよりも日本のほうが強い。ただし、これをどれだけ維持できるか、となると厳しいものがあります。複雑なハードウェアは上手に作れるけれども、これから大事になるのは人工知能です。たとえばロボットの新たな『目』になると、アメリカは強いですよ。去年、『ルンバ』を作った、ロドニー・ブルックスさんのアイロボット社を訪ねたのですが、いま、ルンバとは違って、人間と一緒に働ける『目』を持った産業用ロボットを開発していて、中国の企業と組んでプラットフォームを取りたいと考えておられるようでした」

――なぜ、日本ではなくて中国と組むのですかね。

「日本の技術がすごくよいのはわかっているけれども、市場は中国のほうがはるかに大きい。僕らからすると、これはたいへんな脅威ですね。アメリカ企業の多くはソフトは強いが、ハードはいまひとつなのですが、中国では両方共に高い競争力を持つ企業が急成長しています。日本の関係者は、こうした厳しい環境下でもプラットフォームを取るんだ、と懸命にがんばっている。可能性があると考えています。それは決して精神論ではなく、日本には、はっきり3点の強みがあるのです」

井上氏は、会議室に響くような声で強調した。

それでは、日本の3点の強みとはどういうところなのか。

「一つはトヨタの走行距離に象徴される現場の『リアルデータ』で、まだ使えていない可能性がいっぱいある。そして『もの』の強み、これはすごいですよ。トヨタであれ、ソニーであれ、エジソンやフォードのような先端技術の発明はしなかったかもしれないが、いちはやくそれらを取り込んで、世界中の人々が『いいね』という『もの』を刷新し続けてきた」

——たとえば、トランジスタを発明したのはウィリアム・ショックレー、ジョン・バーディーン、ウォルター・ブラッテンだが、それをソニーはトランジスタラジオ、トランジスタテレビなどでみごとに実用化した。つまり刷新ですね。

「その通りです。それを卑下する必要はなくて、一朝一夕にはできない、いろんな『もの』が蓄積されてできあがっているから、この強みを生かせば、ハードとソフトの『新たな融合』が実現できるのではないでしょうか。シリコンバレーのベンチャーの方々と話していると、日本のすごいのは大田区があることだ、と多くの人が指摘します。金型の中小企業をはじめ、多様な『もの』づくりの企業が揃っている。世界にこれまでまったく例がないと思うのです。最近の中国・深圳等の追い上げは厳しいですが」

——なるほど。大田区の中小企業は時代遅れかと思っていたのですが、全然違うのですね。

「また、三つ目の日本の強みはギルさんによれば、少子高齢化などの先進的な社会課題だと言います」

——少子高齢化が強みとは、どういうことですか。

「アメリカやヨーロッパでは、たとえばロボットを導入すると失業者が増えてしまう、だからAI活用を進めにくいというのです。とくにヨーロッパ各国は、イスラム等からの移民、難民の増加で失業が深刻な問題となっていて、ロボット化など考えにくい。タクシーやトラックなどの自動運転化も、失業者が増えるだけ、ということで歓迎されない。それに対して、日本は大変な人手不足で、少子高齢化のために、それがこれからどんどん深刻になる。その意味で、課題先進国であり、課題が大きいために、何としてもＡＩ化を進めて、世界で最初に高齢化による課題を解決するロボットやＡＩの有効活用策を実現せざるを得ない。これが新たな日本発のプラットフォームにつながる可能性が大きいわけです」

――なるほど、少子高齢化が、逆に第四次産業革命の大きな強みになるということですね。

井上氏は、二度三度うなずいた。

だが、もちろんＡＩ化によって少子高齢化が根本的に解決するわけではなく、それは別の問題であって、そのことは井上氏も承知しているはずである。

最後に、このところファイナンスとテクノロジーを組み合わせた、フィンテックというのが話題になっているが、金融業界、とくに銀行のＡＩ化はどのようになっているのか、と井上氏に問うた。

「残念ながら、フィンテックは、アメリカや中国での急成長に注目が集まっています。特に、中国のプラットフォーマーであるアリババの新たなビジネスモデルに、金融界がどう対応していくかが世界的に議論になっています。

金融に限りませんが、日本では新たな技術やサービスの芽を、従来型の規制が摘んでしまっている懸念があります。『新産業構造ビジョン』で指摘したとおり、様々な規制で縛られた日本の社会を、新たな人工知能・データの時代に向け、抜本的に作り変えていかねば、アメリカ、中国などに対して勝ち目はないと考えています。

また、人工知能・データ経済化のなかで、必要とされる仕事の中身も、求められる能力の中身も、大きく変わっていきます。我々の子どもたちのためだけでなく、我々自身のためにも、教育、学び直しのあり方を見直していく必要があります。こうした現実の課題から目をそらさずに、目指すべき将来像を議論し、厳しくとも必要な改革を実現していく。議論して終わり、ではなく実行していく——そのための一助に『新産業構造ビジョン』がなればと考えています」

井上氏は強い口調で言った。

（2017年6月23日取材）

第5章　AI時代にトヨタは生き残れるか

——ジェームス・カフナー（トヨタ・リサーチ・インスティテュートCTO）

シリコンバレーでトヨタは何をしているのか

「何が起きるかわからない激動の時代。だからこそ、変えてはいけないブレない軸と未来のために今を変える覚悟を持つべき」

２０１７年4月3日、トヨタ自動車本社でおこなわれた入社式で豊田章男社長は、こう強調した。新入社員だけでなく、既存の社員に向けた言葉でもあるのだろう。

トヨタは、日本を代表する、というよりも世界をリードする自動車メーカーである。そして２０１７年は、トヨタ自動車創立80年という節目の年である。だが、自動車産業は今、１００年に一度ともいえる大きな転換期だ。

２０１６年9～10月に催されたパリ・モーターショーで、世界で初めてガソリン車を生み出した「メルセデス・ベンツ」のダイムラーが、次世代自動車のキーワードとして「ＣＡＳＥ」なる造語をぶち上げた。

Ｃとは「Connected＝コネクテッド」、つまりネットと自動車の接続だ。そしてＡは「Autonomous＝オートノマス（自動運転）」、Ｓは「Shared & Services＝シェア&サービス（共有）」であり、Ｅは「Electric＝エレクトリック」、つまり電動化を意味する。

自動運転技術の開発競争はすでに激化しており、ＥＶ（電気自動車）をはじめとするエコ

カー競争も過熱しようとしている。
　ドイツで2017年9月12日から開催された「フランクフルト・モーターショー」に先立ち、フォルクスワーゲン（VW）は記者会見で、2025年までにEVを50車種投入し、200億ユーロ（約2兆6000億円）を投資すると発表した。従来の計画では30車種程度だったことからも、ドイツ勢のEVシフトは鮮明で、ダイムラーやBMWもEV事業を強化している。
　VWはブランド管理や次世代技術の戦略構築など高次元の仕事に注力し、自動車ビジネスを時代の流れに合った新産業として括りなおすことを狙っている。つまり、自動車というハードを作って利益を出すのではなく、モビリティー（移動手段）サービスのプラットフォーマー（基盤事業者）になろうとしているのだという。

こうしたドイツ勢に対して、トヨタをはじめ日本勢の動きは遅いのではないか。たとえば、EVについて、VWのマティアス・ミュラー社長は2017年3月の会見で、「EVで世界のマーケットリーダーになる」と発言しており、ヨーロッパはもちろん、アメリカ、中国もEVに熱を入れている。

それに対して、トヨタがCASEで先頭を走っている印象はない。しかも自動運転やEVなどは、トヨタがあまりアピールしてこなかった部分である。

これまでの自動車業界を技術革新で先導してきたのはトヨタだった。1997年に世界初となる、電気モーターとガソリンエンジンを併用する量産型のハイブリッド車（HV）「プリウス」を発売し、2014年には水素を燃料として走る量産型の燃料電池車（FCV）「MIRAI」を世界で初めて発売して、環境にやさしい自動車メーカーというブランドを確立してきた。

だが、主力市場であるアメリカで、プリウスは2017年3月の新車販売が前年3月比約2割減と苦戦。原油安による大型車へのシフトがあるとはいえ、エコカーの先頭を走ってきたプリウスの勢いに陰りが見える。

各国の環境規制も逆風だ。アメリカのカリフォルニア州で２０１８年モデルから強化される「排ガスゼロ車（ＺＥＶ）規制」はＥＶなど電動化車両が優遇される一方、トヨタが断トツのＨＶはエコカーの対象から外される。中国でも類似した規制が導入されるほか、英国やフランスでもＨＶは認められなくなるのである。

２０１６年12月に、豊田社長の直轄でＥＶ事業企画室が立ち上げられたのは、トヨタの強い危機感の現れであろう。自動運転分野には、グーグルやアップルなどＩＴ企業が次々に参入しており、それに対抗するためか、トヨタは２０１６年にアメリカ人をトップとする人工知能の研究所をシリコンバレーに立ち上げた。

なぜ人工知能の主力研究所を、名古屋ではなく、シリコンバレーに設置したのか。トヨタでＡＩ研究に携わってきた岡島博司氏によると、有能なＡＩ研究者はアメリカにたくさんいるが、日本まで来てくれないのだという。

私は、日本の代表的企業であるトヨタが、今どのような問題を捉えて、どのように取り組み、どのような企業になろうとしているのか、ぜひ取材したいと考えた。そこで取材を申し込むと、快く承諾してくれたのだが、取材する相手は当然ながらトヨタ本社の幹部役員だと思っていたところ、「シリコンバレーの主力研究所のチーフ・テクノロジー・オフィサー（ＣＴＯ）が近く本社にやってくるので、その人物に取材していただきたい」という答えが返ってきた。

もちろん、私に異論はなく、その人物ジェームス・カフナー氏の来日を待って、名古屋駅前のトヨタ名古屋オフィスの応接室で会うことになった。

グーグルからトヨタへ

通訳を入れての取材だったが、カフナー氏は格好つけも飾り気もなく、何でも率直に話す人物であった。カフナー氏は、TRI（Toyota Research Institute）に入る前はグーグルで仕事をしていたのだと聞いていた。そこで、まず、なぜTRIに入ったのかと問うた。

「TRIの所長になったギル・プラットから、研究所が立ち上がる前にコンタクトがあって、『私を助けてほしいので、入ってくれないか？』と頼まれたのです」

――そのときはグーグルにいらっしゃったのでしょう。トヨタよりもグーグルのほうがおもしろいのではないかと思うのですが、なぜトヨタに入ったのですか。

「グーグルでは8年間仕事をしていました。その前の9年間は、カーネギーメロン大学で教授をしていたのですが、その当時、トヨタさんとはいろいろなプロジェクトで関わりがあったのです」

続けて日本語でこう語った。

「そして、その前に実は2年ほど、日本学術振興会の特別研究員として、日本に住んでいたことがあるのです。１９９９年から２００１年まで、東京大学で研究をしていました。日本は大好きです。日本人は優しい人たちです。そして、トヨタの自動車の研究は素晴らしいと思っていました」

カフナー氏は日本語も上手だったが、英語に戻って続けた。

「トヨタとは、そういったことで前からお付き合いがあり、素晴らしい研究をいろいろやっていて、エンジニアリングの質も高いことはわかっていたのですが、グーグルではもっぱらソフトウェアの研究、開発に取り組んでいました。

それに対してＴＲＩは、優れたソフトウェアをもってして、トヨタ自動車が作っている優れたハードウェアをさらに高める、そして可能性を大きく拡げさせる。そういうビジョンの研究所です。だから、ＴＲＩで働けることにものすごくわくわくしています」

カフナー氏は、大きな手振りで力強く言った。

――ところで、ＴＲＩの拠点はアメリカに3ヵ所ありますね。シリコンバレーのほかにボストンの近くとミシガンにもある。どうしてですか？

「シリコンバレーにはＴＲＩのヘッドクォーター（本部）があるのですが、それはスタンフォード大学が近くにあって、大学の研究者たちと密接に関われるからです。それからマサチユーセッツ州ケンブリッジは、マサチューセッツ工科大学（ＭＩＴ）に近いからです。
そして３つ目のミシガン州アナーバーは、ミシガン大学に近いのと、トヨタの研究施設が以前から近くにあるのですよ。いわゆる有名なトップランキングの大学と連携することによって、研究、開発を進めようとしているのです」

――ヘッドクォーターのシリコンバレーでは、具体的にどんな研究をしているのですか。

「シリコンバレーの拠点では、クラウド・インフラストラクチャー、それからビッグデータ、そして自動運転の安全性について研究しています。さらにインテリジェント・ロボットの研究をしています」

――自動運転の研究は、主にシリコンバレーでやっているのですか？

「３ヵ所すべてが何らかの形で関わっています。自動運転というシステムの各部分をそれぞれ一緒にやるということで、たとえば車両であるとか、ソフトであるとか、いろんな領域がありますけれど、３ヵ所がみんな関わる形でやっています。そして、先進的な試験用の車両も、３ヵ所すべてに持っています」

――繰り返して聞きますが、なぜ３ヵ所に分かれているんですか？

「近くにあるそれぞれの大学には有能な人材がたくさんいるのですが、その人たちに『シリコンバレーに行ってくれ』と言っても、なかなか行ってくれないのですよ。人を動かすのは難しい。だからトップの大学の近くに研究所を設けたわけです。

それに気候が大きく違っていて、たとえばミシガンとかボストンのあたりは、冬は寒くて雪が降りますが、シリコンバレーは気候がよい。気候の違いは、実は大事です。自動運転のシステムは、いろんな路面状況、気象条件に対応できなければなりませんからね」

――３つの大学のうち、ＭＩＴの特徴は何ですか？

「実はＴＲＩのＣＥＯであるギル・プラットがＭＩＴの卒業生なのです（笑）。それにギルは10年ぐらい、ＭＩＴで教授をしていました。そのため、ＭＩＴに強い人脈を持っていて、そのメリットが大きかった。実際、２人いるヴァイス・プレジデントは、いずれもＭＩＴの研究者です」

カフナー氏は、いささか照れた口調で言った。

10億ドルの研究費

――そのギル・プラット氏ですが、彼はＤＡＲＰＡ（アメリカ国防高等研究計画局）のスーパースターで、アメリカの至宝とも言われていたようですね。当然、グーグルへ行くんだ、と一般的に思われていたのが、なぜトヨタに来たのでしょう？

「彼の代わりに私が答えるわけにはいきませんが、私が思うに、ギルはトヨタという会社、あるいはこの会社の持っているミッションに、大きな敬意を払っているのではないでしょうか。

というのは、前に聞いたことがあるのですが、ギルが社長をはじめトップの人たちと面談したときに、ここの会社の人たちがＬｏｖｅ（愛）であるとか、技術を使って人のために役に立つということが、いかに重要かというような話をされていたのだそうです。そういった会社の考え方とかミッションに、彼はものすごく共感したのだと思います。

私自身もそういう考え方に強く心を打たれるものがあります。私たちＴＲＩのミッションも、まさにＡＩという技術を使って、人や社会のためになることをしたい、ためになるものを作りたいというものです。

もう一つの理由として考えられるのは、ＴＲＩを作りたいという話がトヨタからあったときに、予算として10億ドルを用意していると聞かされたことです。10億ドルというのは、まったく新しいものを作るときに提供される予算としては破格です。滅多にないチャンスだと受け止めました」

10億ドルとは、日本円にして１０００億円以上である。

――もう一つ聞きたいのですが、ミシガン大学の特徴は何ですか？

「伝統的に、ミシガン州自体が自動車産業の中心地でした。デトロイトに近くて……」

――現在は、ほとんど工場がないですが。メキシコとかアジアの国々に出て行って……。

「おっしゃる通りですが、古くからメーカーがたくさんあったので、新しい車の試作車とか、新しいコンセプトをテストするときなど、けっこうミシガンで行われていたのです。何かのテストをするときに、非常にオープンに受け入れてくれるのですね。

　だから法的な手続きなども早く進んで、テストしやすい州であるという特徴があります。ヴァイス・プレジデントの一人で自動運転を中心に研究している人物は、ミシガン大学で教授をやっていました。ライアン・ユースティス氏です」

――アメリカには、フォード、クライスラー、ゼネラルモーターズという自動車メーカーがありますが、それらに比べて、トヨタの強みはどんなところですか？

「いろいろなマーケティングの統計を見ても明らかですが、品質とか、信頼性とか、安全性といった点において、トヨタが最もブランドバリューが高いということですね。

　それともう一つ、アメリカで伝統的に環境に優しい車をたくさん投入してきたことも誇ってよいのではないですか。ハイブリッドはもちろんですが、初めて燃料電池車も投入しました」

――ギル・プラット氏が、トヨタに入った理由の一つとして、「毎日の総走行距離が、トヨタは抜群に長い」と言っています。トヨタはリアルデータが世界一多いということですね。

いまはビッグデータの時代ですから、それがトヨタの最大の強みだとおっしゃっているようです。

「その通りだと思います。いま一番いいＡＩのソフトウェアだといわれているものは、すべてオープンソースです。テンソル・フローやカフェ、トーチ、そしてプリファード・ネットワークスのチェイナーなどすべてです。

では、何が勝敗を決するかというと、持っているデータです。

データに関しては、三つの側面を見なければなりません。一つ目が『クオリティー（質）』、二つ目が『量』、そして三つ目が、どのくらいそのデータにばらつきが含まれているかという『多様性』です。２番目の『量』ということでは、トヨタが圧倒的に強い力を持っています」

――なるほど……。ところで、ヨーロッパやアメリカの自動車メーカーは、２０２０年前後に一般道での自動運転車を実現すると言っています。それに対してトヨタは「２０２０年代の前半」と言っていて、少し違いますね。これは安全性を重んじているためですか。

「その点ではＳＡＥ（Society of Automotive Engineers）の定義がありまして、自動運転というのは1から5までレベルがあって、5が『完全なる自動運転』とされているのです。

つまり、どのような道路でも完全にソフトが運転する。すべてＡＩに置き換わるレベルが

5なのですが、どのメーカーもまだ全然そこまではたどり着いていない。レベル4にもほど遠い段階です」

――ヨーロッパやアメリカは、レベル3ですか。

「いいえ、レベル2です」

――でもアメリカでは（公道で）試験運転をやっているじゃないですか。

「人がシステムを監視していなくてはならないのは『2』です。レベル4というのは、交通条件、気象条件、道路条件など、いろいろ条件がついた中で自動運転ができるというレベルでして、一般道での試験運転はすでにトヨタもやっています。

ただ、問題は、どれだけの信頼性や安全性が担保できるかということで、現時点では自動運転のためのハードウェア、センサーなどがものすごく高くて、とても市場に出せる価格ではありません。もちろん、ほかの企業に負けないように、トヨタは市場に出せる自動運転車の開発を懸命にやっています」

――レベル5になるのは何年くらい後でしょう？

「それは大変難しい質問です。正直言って、わかりません。単純に私の予測で申し上げますと、私が死ぬ前には現実になるだろうと思います」

――トヨタと契約しているプリファード・ネットワークスの西川徹社長も、一般道での自動運転が可能になるのは10年以上先だろうと言っています。

「私も、西川先生と同じように考えています」

カフナー氏は同志を得たように、ほっとした口調で言った。

トヨタがファンドを立ち上げるメリット

――ドイツのフォルクスワーゲンが、新経営計画を発表しました。それによると、自動車メーカーではなくモビリティーのサービス会社になることを明確に打ち出しています。車というハードを作って利益を出すだけでなく、モビリティーサービスのプラットフォーマーになろうとしているのですが、このあたりはどうお考えですか？

「フォルクスワーゲンだけでなく、ほかのメーカーさんもみんな同じことを考えているはずです。ＴＲＩでも、当然モビリティーサービスについては考えています」

――実は、経済評論家の冨山和彦氏が、トヨタはこの先ウーバー（Ｕｂｅｒ）を、あるいは世界中のレンタカー会社を買収するのではないか、と指摘しています（第7章参照）。

「この領域はいま、急速に一つのエコシステムのようなものができあがっているところです。すなわち、伝統的な車のメーカー、それからソフトの力を持っていろいろな技術やサービスを提供できる企業、そういったところが、一つの大きなエコシステムを急速につくろうとしているところだと思います。

ウーバーに関しては、すでに私どもはコネクティッドカンパニーをパートナーとして発表しています。ですが、それだけではなく世界のいろいろなところで技術やサービス面のイノベーター（革新者）といわれる企業と組むことを考えています。

TRIは2017年7月中旬にベンチャーファンドをつくることを発表しました。トヨタAIベンチャーズという名前です。設立の目的は、TRIやトヨタと、この領域で急速に発展しているイノベーターを投資でつなげることです。このファンドの立ち上げに関しては、私たちも非常にわくわくしています」

――イノベーターとつながる意味、メリットはどんな点ですか。

「このファンドの活動のメリットは、一つ目が投資、二つ目がパートナーシップ、三つ目が投資先の持っている技術にアクセスできることです。昨年すでにTRIは三つの会社に投資をし、パートナーシップを組んでいますが、その一つがイギリスのコンピュータビジョンの会社です」

――コンピュータビジョンとは？

「簡単に言うとAIカメラのようなものです。ロボットやダッシュボードのところにある車載カメラがドライバーの状態をモニターして、そのデータをとっていくような会社です。ひょっとしたら、そこからのデータをいろいろ共有できるかもしれない。そして、その業界の成長を促すことが狙いです」

——カフナーさんは、今ロボットと言われましたが、トヨタはロボットも開発しているようですね。ロボットを作る目的は何ですか。

将来、ウーバーが世界的に普及すると、スマホで呼べばすぐに車が来るようになる。すると自家用車などが減って、車の需要が落ちる。そのためではないか、と思うのですが。そのことはともかくとして、トヨタがロボットを作るのは、トヨタの工場で使うためなのか、それとも、ほかの企業に売る、あるいは一般家庭も対象にしたロボットなのか。まず、このあたりから伺いたい。

「現在のところ、今言われたいろいろな用途、目的、すべてのオプションを追求していますが、最終的には人間をサポートできるロボットを作りたいと思っています。自動車に代表される屋外のモビリティーだけでなく、屋内にもモビリティーを持ち込むという考え方です」

——一般の家庭でいろいろサポートできるロボットということですか。

「特に高齢化社会において、自宅で暮らすような方たちをサポートできるロボットを考えています。名古屋で7月に『RoboCup2017 Nagoya Japan（ロボカップ2017）』が行われたのですが、そこにトヨタはヒューマンサポートロボットの試作品を出しました。

長期的には、我々はＡＩを車だけではなくて、すべての機械に展開し、それらの機械によって社会をより良いものにしていきたいと思っているのです。信頼性のあるロボットを作っていくために、トヨタの従来からの強みである素晴らしいハードウェア、それに我々ＴＲＩの素晴らしいソフトウェア、この二つを組み合わせることによって、信頼性の高いロボットを実現して、社会の役に立ちたいと考えています」

――現在のロボットは、全部人間がチューニングしているわけですよね。プログラムを組んで……。トヨタの今度出したロボットは、たとえば〝目〟はあるのですか？

「人間や動物の『目』とは違いますが、当然、エレクトロニクスセンサーはついています」

――画像認識はできるわけですね。

「はい、できます。立体カメラとか、あるいはモーションセンサーなど、いろんなものをつけています。その機械として、ＡＩでドライブできるような形に組んでいますが、いま、ＴＲＩにとって、とてもエキサイティングなのは、機械学習の技術がどんどん進んでいるなかで、データの重要性がますます高まっていることです。ロボットをより賢くするためには、データが必要ですからね。

私が何年か前に考えたアイデアがあるのですが、それは『クラウド・ロボティクス』という考え方です。当時は、ようやくロボットをつなげるという発想が出はじめてまして、私は、一つのロボットの経験をクラウドに上げて、それをマシンラーニング（機械学習）でつなぎ、全部のロボットのレベルを上げることを考えたのです」

——たとえば、アマゾンでは従来、倉庫の管理は全部人間がやっていた。つまり必要な荷物を探す、つかむ、そしてトラックまで運ぶ。これを全部人間がやっていた。それをロボット化しようとしています。

まず「探す」ためには「目」が必要です。そして、「つかむ」ためには、ロボット自身が判断できることと、人間のような「腕」が必要です。そして「運ぶ」、つまり動けなければならない。トヨタのロボットも、こういうことができるのでしょうね。

「ＴＲＩのリサーチの関心事の一つとしてマニピュレーション（操作技術）があります。指先などでつかむ、そういうソフトにとても関心があって、いろいろ研究しています。ちゃんと正しいものを取り出すためには、手指や腕などがきちんとコントロールされていなければなりませんからね。家庭にロボットを入れるには、必要な技術です」

——ところで、一般家庭に入るロボットは、人間との会話はできるのですか。

「今は会話の技術もどんどん進歩していますので、自然な会話ができるロボットが、そのうち登場すると思います。すでに、スマホにそういう機能がありますよね。

会話ができたり、ジェスチャーができたり、やがては人の感情であるとか、表情の認識もできるようになると思います。まだまだ距離がありますが、この分野の発展も速度が上がっていますからね」

カフナー氏は、それが自分の役割であるかのように、責任感のこもった口調で言った。

「実はトヨタでは、『TOYOTA Concept-愛i』というコンセプトカーを提示しています。これは、車が人間の感情を理解したり、車がその人の生活の一部になったりすることを目指すものですが、われわれの目指しているロボットと同じだと思います。

すなわち、人々の生活をより良くするためにサポートしてくれる車、というコンセプトですね」

――「生活の一部になる車」ということについて、もう少し具体的に説明してください。

「車というものに対して、たとえば私であるとか、あるいは親の世代というのは、ものすごく強い気持ち……早く免許を取って、早く自分で好きなところに行ってみたいという関心が強かった。車に対して愛着心が強かった。

けれども、今の若い世代の人たち、そして、さらにその先の世代の人たちは、車に対する関心がなくなっていくように思います。

だけど、車がいろんな橋渡し役になる、スマホのように車にいろんなデータが入ってきて、自分といろんなこととの橋渡し役になる、いろんなものにつながる装置を車はたくさん持っていて、自分の生活にとても役に立つんだということがわかってくると、車が若い人たちにとって『信頼できる友人』のような存在になってくるのではないでしょうか」

――ウーバーがどんどん世界に普及すれば、車はスマホで呼べばすぐに来るようになるので、どうでしょうか。若い世代にとって、車が生活の一部になりますかね。

「それは、私たちの努力次第だと思います。ＴＲＩの狙いは、まさにそこにあって、どんどんデータが入るデバイスの機能が大きくなって、車が自分の生活に役立つインターフェースになる、信頼できる友人のような存在になる、私たちとしては、何としてもそうしなければなりません」

カフナー氏はさらに責任感を込めた強い口調で言った。カフナー氏が強調することこそが、ＴＲＩがつくられた目的なのであろう。

（２０１７年７月27日取材）

第6章 「HomeX」――パナソニックの模索と「発想の転換」

――馬場渉（パナソニック ビジネスイノベーション本部副本部長）

巨額赤字のどん底から

パナソニック。かつての松下電器は、日本の代表的な総合家電メーカーであった。

私は、創業者の松下幸之助氏には何度も会っている。松下氏に、役員や関連会社の社長に抜擢するのは、どういう人物なのか、人物のどこを見るのか、と問うたことがある。

頭の良さか、想像力があることか、と問うと、松下氏は「全然関係ない、私は中学の受験に失敗した」と話した。それでは、誠実さか、と問うと、「経営者が社員一人一人をよく見て、その社員の良さをのばしてやろうと努力していれば、社員は誰でも誠実になる」と答えた。

それでは、どういう人物を抜擢するのか、と問うと、「困難な問題にぶつかると、それを面白がって、前向きに取り組む人間」だと答えた。

そういえば、松下電器で役員26人中、末席から2番目だったところを社長に抜擢された山下俊彦氏が、「難しい問題を面白がっていられる間は現役で、しんどかったら引退だ」と語ったことがある。

その松下電器が深刻な事態に陥った。

松下電器が潰れるのではないか、という噂が業界で流れた。アメリカでインターネットが

登場し、世界のエレクトロニクス・メーカーが戦略の大転換を計って、アナログからデジタルに、オフラインからオンラインに移り変わっていたときに、松下電器は、ブラウン管テレビや白物家電に固執して、時代の流れから取り残されてしまったのである。

そんなとき、２０００年に社長になったのが中村邦夫氏だった。中村氏は、実は私の高校の後輩で、２度会ったことがある。

中村氏は、松下電器では絶対のタブーだったリストラを敢行した。さらに子会社の松下通信工業、九州松下電器など5社を統合した。そして、社名をパナソニックに変え、松下電器の創業メンバーであった井植歳男氏が立ち上げた三洋電機と松下電工を吸収した。

だが、中村氏が社運を懸けて挑戦したプラズマテレビは成功しなかった。プラズマテレビは、累計約6000億円を投資したが、2012年3月期と13年3月期に、総額1兆5000億円もの最終赤字を計上した。文字通り、存亡の危機に追いやられたのである。

そこで2012年6月、パナソニックの社長に就任した津賀一宏氏は、プラズマテレビや半導体などの不採算事業に大ナタを振るって改革を断行し、BtoB（法人顧客相手のビジネス）領域へ経営資源を集中させた。

そして、その筆頭が車載事業であった。具体的にいえば、乗用車向けのリチウム電池の開発・生産を新しい主軸としたのである。

2017年3月15日、横浜市港北区で「横浜綱島水素ステーション」の開所式が開かれた。Tsunashimaサスティナブル・スマートタウンは、神奈川県藤沢市に造成された、Fujisawaサスティナブル・スマートタウンに続く、ふたつめのスマートタウン・プロジェクトである。

先行するFujisawaサスティナブル・スマートタウンは、完成時には600戸の戸建て住宅と400戸の集合住宅に太陽光発電システムと蓄電池を備え、再生可能エネルギー利用率30％以上など省電力型・環境配慮型の街を目指している。

各戸にはエアコンなどの家電製品を制御する家庭（ホーム）用エネルギー管理（マネジメント）システム

（HEMS）が標準装備されていて、二酸化炭素の排出量を1990年比で70％削減し、非常時に備えて復旧までの3日間分の生活用水、食料、飲料水の備蓄、マンホールトイレ、カマドベンチなどのライフラインが設けられている。

もっとも、パナソニックではスマートタウンの造成ではなく、車載事業を主軸と考えているようだ。

「2年前と1年前とでは景色が変わった。独フォルクスワーゲンのディーゼル問題を契機に、電気自動車（EV）に本腰を入れる自動車メーカーが増え始めた」

津賀社長は、『週刊ダイヤモンド』（2017年10月21日号）のインタビューでこう答えている。この記事は以下のように続く。

2017年に入って、世界の主要自動車メーカーが続々とEV市場への本格参入を表明している。こうしたEV時代の到来を、津賀社長は、パナソニックにとって、千載一遇のチャンスと捉えているようである。

たしかにパナソニックは乗用車向けリチウムイオン二次電池のシェアの4割を握っている。電池はEVの心臓部ともいえるもので、電池性能が、車の加速具合や航続距離、コストを決定づけるのだ。

現在、車載電池のコストは、1キロワットアワー当たり200ドル前後と高額だが、20

30年には半額程度にまで低下すると見られており、パナソニックは爆発的な市場拡大を期待しているようである。

パナソニックは2019年3月期までに「1兆円の戦略投資」の枠を設けているが、すでに投資済みの4000億円の大部分は二次電池の設備投資や車載事業のM&Aで占められている。残りの投資枠も、車載電池事業への設備投資が中心となることから、完全に「車一本足」へかじを切っていると言えそうである。

そのような状況で、パナソニックは今後の社会を大きく変えていくAIについてどのような事業を考えているのか。取材を申し込むと、シリコンバレー研究所の馬場渉（ビジネスイノベーション本部副本部長）という人物が取材に応じてくれるという返事が来た。「HomeX」について説明したいとのことであった。

「HomeX」。はじめて聞く言葉である。そして、パナソニックの研究所がアメリカのシリコンバレーにあるということもはじめて知った。だが、「HomeX」なんて、まったく知らなかった言葉であり、どういうことを尋ねればいいのか見当もつかないので、まず「HomeX」について報道されている記事をいくつか読んだ。

その一つである「AV Watch」（2017年7月26日付）には、次のような内容が記されていた。

〈パナソニックは、２０１７年４月１日付けでビジネスイノベーション本部を新設。同本部が取り組む「イノベーション量産化技術」の開発について説明した。このなかで、シリコンバレーにおいて、未来の住空間環境プロジェクト「ＨｏｍｅＸ」を開始していることを初めて明らかにした。

同社ビジネスイノベーション本部の馬場渉副本部長は、「イノベーションの量産化という言葉や、それを〝技術開発〟と表現したことに違和感を持つ人もいるだろう。少なくとも社内では驚きの声があがった。イノベーションを量産化し、それを支える技術を開発することで、製造業の新たな姿を提示したい」とした。

また、「これまでの製品事業部制によるタテパナ（縦のパナソニック）を強くするだけではなく、これからは、ヨコパナ（横のパナソニック）によるクロスバリューイノベーションが重要になっていく」とした。

さらに、「パナソニックデジタルプラットフォーム」を発表。「昨日の経営会議で、パナソニック全体の共通の考え方として用いることを決定した。このプラットフォームをベースに、デジタル改革を行なっていくことになる」と宣言した〉

パナソニックが、これまでにない、たいへんな大改革をやろうとしていることはわかる。だが記事の、いわばキーワードとなる文言はまったく理解できず、パナソニックの全社ＣＴ

O室技術広報課長の飯田正憲氏に、記事内容の説明を頼んだ。

イノベーションを量産する?

——まず「イノベーション量産化技術」とはどういうことなのか。

「馬場が言っているのは、イノベーションは一部の非常に能力の長けた人間が起こすものではなく、イノベーションを起こすやり方とか、プロセスをきちんとつくれば、誰でもイノベーションが起こせる、というのが大前提なんです」

——しつこくて申し訳ないけれど、やり方とか、プロセスをきちんとつくるとはどういうことなのか。これまでのパナソニックでは、なぜできなかったのか。

「それを、これから馬場がやろうとしているわけですが、ようするにパナソニックは、モノを作る、ハードウェアを作ってきた企業ですが、馬場はSAPというドイツ系のソフトウェアの企業から2017年4月にパナソニックに移った人物で、そもそも考え方が根本的に違う。『真逆』と言ってもいいかもしれません」

実は、飯田氏も最初は「量産化技術」という言葉に強い違和感を抱いたそうだ。それに対して、「そういう考え方自体がハードウェアに縛られていて、技術を狭義に捉えすぎている。イノベーションというのは、モノを作るのではなく、モノを活用したフレームワークのあるコトをたくさん作るということだ」と言われた、と述懐した。

――もう一つ、「タテパナからヨコパナ」とはどういうことなのか。

「これまでは、エアコンならばエアコンの事業部、照明ならば照明の事業部がそれぞれ、よりよいモノにしようと懸命に取り組んできました。これがタテパナです。それに対してヨコパナは、それぞれのモノが横に連携する。

たとえば暑い夏に、部屋はこれくらいの温度、湿度、そしてこれくらいの明るさがよいな、と思えば、外にいても簡単に調節できるようにする。洗濯機でも冷蔵庫でも、その場に行かなくてもお互いに調節して連携させられる。

これまでは、人間のほうが機械や住宅に合わせて生活してきたのですが、機械や住宅が人間に合わせようとする。これが馬場の言う『ＨｏｍｅＸ』の考え方です」

こうした説明を受けて、シリコンバレーから東京にやって来た馬場渉氏に会った。馬場氏は私が事前に想像していた小難しいことを言う学者肌の人物ではなく、明るくて、はっきりとものを言う人物であった。

馬場氏に、あらためて「ＨｏｍｅＸ」の目標を問うた。

「大きな文脈は、まず、当社が持っている家電と住宅設備と住宅そのもの、この３つを統合した新しい価値をつくろうとしています。

ご承知だと思いますが、白物家電、黒物家電を含めた総合家電メーカーというのは、国内だけでなく、世界中にほとんど存在していません。そして住宅設備についても、総合住設メーカーというのは、ほとんどありません。部分的な住宅設備事業をしている企業は、国内でも、海外でも、少なからずありますがね。

住宅にしても、国内では、いわゆる総合ハウスメーカーはありますが、住設を取りそろえてはいません。繰り返しますが、総合家電、住宅設備、住宅の3部門を持っているのがパナソニックの特徴で、それをもう一回ゼロベースで、3部門を持っているからこそ実現できるコトをつくろうとしているプロジェクトが『ＨｏｍｅＸ』です」

――それはわかる。だが、なぜそのプロジェクトを、日本ではなく、シリコンバレーでやろうとしているのか。

「シリコンバレーは、アメリカのなかでもある種、無国籍化したようなエリアで、未来を逆算して考えることができます。『家電とはこういうものだ』『住設とは、住宅とはこういうものだ』という前提が共有されていると、それが発想を縛ってしまうのです。

あえて、日本ではなくシリコンバレーでやっているのは、いったん、まずは未来の住空間はどうあるべきかと、現在にこだわらずに考えるためです。そこで、当社にしかできない価値が、おそらくあるはずだ、と。それをまずつくり……」

――馬場さんのおっしゃることはわかるのですが、私は想像力が欠如しているので、未来の住空間は、現在とどこがどのように変わるのか、教えてください。

「まだ本当に探している最中ですが、シリコンバレーの考え方の一つが、フェイスブックの創業者マーク・ザッカーバーグが言うところの“Done is better than perfect.”。つまりパーフェクトを追求するよりも、やってしまったほうがいい、ということです。

ようするに、ユーザーと一緒にプロトタイプをつくって、フィードバックを繰り返しながらクオリティを高めていく。住空間というのはこういうものだと決めつけないで、フィードバックを繰り返し反映しながら、計画を修正し、変更もする。日本人は、これが苦手なのですよ」

あらためて人間を定義する

馬場氏は、ソフトの発想でハードを考え直す必要がある、と力強く言った。そこで、住空間をソフトの発想で考え直すとはどういうことなのか、と問うた。

「まず、いったんハードウェア、今の冷蔵庫や電子レンジ、あるいはエアコン、そして家そのもののことを忘れて、ソフトウェア屋の発想をしてみます。

ひとつはシリコンバレーでは『ユーザー・エクスペリエンス（製品やサービスの利用で得ら

れるユーザー体験の総称)』といいますが、モノの一個一個のスペックや技術は一度忘れ、人間がまず玄関を入ったときにはどんな気持ちになりたいか。疲れているときにはどうあってほしいか。寝室はどうか、起きているときはどうか、と考えるのです。

現在の住宅は、既成のシチュエーションがあると思うのですが、一度ゼロにして人間から入る。もちろん日本のメーカーも、人間を一生懸命観察して製品作りをしているわけですけれど、シリコンバレーは徹底的に人間を観察して、モノはいったん完全に忘れて、実現できるのかできないのか、採算が合うか合わないか、自社でそれが可能かどうかも全部忘れて、ともかくユーザーの体験を定義する。

ハードウェア開発はいったんさておき、ソフトウェアで。ソフトウェアというのはある種バーチャルな世界が創れるので、バーチャルで、ソフトウェアで人間の体験を定義する。たとえばキッチンで調理するときは……」

――えっ、調理ですか？

「人間の本質はいくつかあって、調理したくなくて、自動料理器具が普及することもあるでしょう。ただ、調理自体がストレスの解消だったり、ふれ合いだったりしますから、人間っていったい何なんだと考えること、つまり、もう一度人間をあらためて定義する。

とにかくAIが一番苦手なところというのは、価値観の定義。人間はどう『思う』かの定義が、圧倒的にＡＩは苦手なのです」

──気持ちがよいとか、気持ちが悪いというのは、ＡＩには判断できませんね。

「だから当社としては、やはり人間の感情、善悪であったり、住空間内での感情や住み心地とか暮らしの豊かさ、そこに目を向ける。住空間内での『ロボティクスよりヒトティクス』というような表現もしていますが、とにかく人間を徹底的に観察することが、住空間のコトづくりにとっては重要です」

──ヒトティクスを、もう少し具体的に説明してください。

「具体的に言うと、いまの家電、住宅設備は、いわゆるインテリジェントなものではありません。目もないし、耳もなくて、人間とコミュニケートできない。そこで、住宅そのものをインテリジェントにして、居住者の状態ごとの感情やシチュエーションを理解して、人間のように共感力を持たせたいと思っているんです。現在の住宅というのは、共感力などとはほど遠い……」

──現在は、人間のほうが住宅に合わせているわけですね。

「その通りです。でも、今のＡＩの技術を家電や住宅設備に埋め込むことによって、住宅そのものをある程度、居住者に合わせることは可能だと思います。ＡＩの技術を使って状況を把握することは、シリコンバレー企業が非常に優位性を持っているところです。

でもその後に、居住者にとって居心地のよい住空間をつくるのは、ソフトウェアつまりバーチャルだけでは無理で、ハードウェアの持つ機能で修正し、変更しなければならない。これが『ＨｏｍｅＸ』の鍵となる問題です」

――ハードウェアを動かすことができないと、あくまでバーチャルな世界だけですね。

「そうですね。最終的に、少なくとも住空間における価値はハードウェアを通じて提供します。パソコンにログインしたり、スマホで価値が提供されるインターネットの世界ではなく、リアルの世界において価値を提供するのはハードウェアです。

ただし、その『価値』はソフトウェアの発想で創る必要がある。だから、私が求められたわけであり、『タテパナからヨコパナへ』と言っているのはまさにそのことです。いったんハードウェアを忘れて居住者の気持ちを読む。そこはソフトウェアの発想法です。ハードウェアを制御して、この人に何をすればよいのか、と具体的に設営するのはソフトウェアです。われわれは、その両面を持っているわけです」

馬場氏はあらためて、マーク・ザッカーバーグの「パーフェクトを追求するよりも、やってしまったほうがいい」という言葉を強調した。ともかく、ユーザーからのフィードバックを重ねることによって、「ベターライフ」を目指すというのである。

――ところで「ＨｏｍｅＸ」は、いつくらいになると具体的なかたちが見えてくるのですか。

「早いほうがいいとは思っていますけれど、これは状況を見ながら……。２０１８年にでも『ＨｏｍｅＸ』の新しい、一番最初の具体的なものが出せるといいとは思っています。それが具体的な家なのか、ソフトウェアなのか、何かリモコン的なものや、ドアホン的なものか、これからの状況次第ですが。

常につくりながら、考えながら修正して、最終的にはどういうものが出てくるかわかりませんけれど、早いほうがいいと思っています」

「タテパナからヨコパナへ」

――「ＨｏｍｅＸ」のゴールは、スマートシティとしての藤沢や綱島ではないわけですか。

「そうですね。たぶん、スマートシティをイメージしてくださいといったときに、暮らしとか感情や会話のシーンをイメージする人はあまりいないと思うんですね。少なくとも、今の日本におけるスマートシティは、社会インフラとしての、空から写真を撮ったように、家があり、サスティナブルエナジー（持続可能なクリーンエネルギー）の設備があって車があって、というイメージではないでしょうか。

これはこれで大事な取り組みであって、日本が強みを出せる領域だとは思いますが、もっとミクロに、住空間のなかでの暮らしや家族とのふれ合いだの、会話だの、調理との向き合い方だの、ほんとうにミクロのところを一度、人間中心に作る。

最終的に、それが藤沢の住宅か、あるいは中国のどこかの住宅へ投入されるかもしれません。集合住宅やマンション、あるいは戸建て住宅でもいい。まずは居住者にとって住みたい住空間というのを、再定義しようということです。それが家電と住宅設備と住宅を持ち合わせているパナソニックの一番強みの出る領域ではないか、と思っているのです」

——馬場さんは「タテパナからヨコパナへ」と力説されていますが、冷蔵庫から洗濯機、エアコン、照明など、すべてを人間に合わせるように作って、連携されるということですね。

「はい、それを製品と製品とのヨコでの価値で、というのがきわめて大事です。たとえば電子レンジを開けた瞬間、豚カツがぱっとキツネ色になってうまそうな匂いがする、しかも開いた瞬間に、その辺のディスプレイがふわっと何か食欲をそそるような映像を出す。

あるいはテレビでも、テレビの今の録画データを外からスマホで見るのは簡単ですが、『よし、テレビを見るぞ』といってリモコンを取ったり、スマホを見て『何を録画していたかな』と探すのではなく、録画していたこともすっかり忘れていたけれども、実は見たかった映像がドアホンや、洗濯しているときに洗濯機のディスプレイにぽんと映る。こんなことができるようになるというイメージです」

――ところでパナソニックは、総合家電メーカーで、従来はほとんどがＢtoＣ、つまり顧客相手のビジネスだった。ところが、津賀社長がＢtoＣではなくＢtoＢで行くのだと宣言していますね。この点はどうですか。

「いますでに70％くらいがＢtoＢになっていますが、一定量のコンシューマー（消費者）とのビジネスはあったほうがいいとは思います。企業の能力として、両方持つことの重要性はあると思いますからね。

ただし、これからの住空間ビジネスが、コンシューマーとのビジネスに戻るのかというと、そんなことはなく、当然ながら不動産デベロッパーが新しい高級マンションを建てたいといったときに、新しいパナソニックの住空間を導入したいと言ってきたら、これはＢtoＢのビジネスですよね。

ほかの戸建てに関しても、私どもはパナホーム（現パナソニック ホームズ）をグループ会社に持っていますが、どの会社も共通して困っているのは、新しい家そのものを建てることはできても、中のホームエクスペリエンス、つまり住宅設備や家電はどうしようもない。だからパナソニックに依頼してくるのです。

前世代的な例を出せば、パソコンメーカーに対して、インテル（Ｉｎｔｅｌ）やＷｉｎｄｏｗｓが、その心臓部を提供していたのですが、まさにわれわれは住空間の心臓部のソフトウェアを創っているのです」

——マイクロソフトのＷｉｎｄｏｗｓというソフトウェアがなければ、ＩＢＭのパソコンは機能しなかったわけですね。

「その通りです。最近でいえば、グーグルのつくったＡｎｄｒｏｉｄが、サムスンやいろんなメーカーに普及しています。クアルコムあるいは孫正義さんが投資したイギリスの半導体開発会社・ＡＲＭとか、チップセットやソフトウェアが心臓部となって、あらゆる製品に組み込まれているわけです。

住空間のコアになるソフトウェアと、基本的なハードウェア——光とか、音とか、映像とか、温度、湿度とか、これは基本的なもので、たまたまスピーカーになったり、照明になったり、テレビになったりしていますが、インターフェースのあり方にこだわる必要はありません。

まず住空間の基本的な、いわゆるパソコンのようなアーキテクチャーをつくって、それをおそらくコンシューマーが買うだけでなく、ＢtoＢで展開していくことになると思います」

——そういうアーキテクチャーをつくるためには、すごくたくさんのデータが必要だと思いますが、それはどうやって集めるのですか。

「今すでにやれていること、そして、これからやることがあります。

今すでに２００万台ほどのいろいろな機器、エアコンやテレビ、ＨＥＭＳといわれるエネルギー・マネジメント・システム、それからスマート分電盤などが、いずれも当社が提供している「パナソニックデジタルプラットフォーム」という、いわゆるビッグデータを収集・分析するクラウド基盤に接続されています。

そこには、１ヵ月に10億件のデータが入ってきて、世界中から集まるデータを分析するだけでも、いろんなことがわかります。きちんと顧客の情報管理をして、同意に基づいてデータを分析するだけで、ライフスタイルがかなりわかるんです。

こうしたデータは、グーグルも、アマゾンも、私が以前にいたドイツ系の会社も、まったく持っていません。家電メーカー、住設メーカーならではの非常に貴重なデータですね。これがまずひとつです」

──それは、グーグルに対するトヨタの強みと同じですね。トヨタ車は実際に世界で一番たくさん走っている。

「そこなのです。われわれメーカーの発想だと、電子レンジや洗濯機の改良には、具体的なデータ、ハードウェアの中に組み込まれた数字を出す必要があります。一方で、グーグルやアマゾンはそんな必要はまったくない、コンピュータではじき出されると考えていて、実際に相当のレベルで特定できるようになっていますが、そこにも課題があります。

たとえば、居住者が丈夫な衣類、あるいは傷みやすい衣類を、どのように分けて、どの程度洗いたいと思っているのか。さらに電子レンジで豚カツの焦げ目をどのくらいにしたいと思っているのか。こうした居住者の気持ちは、ソフトウェア屋の技術では全然解けません。ここに挑むのが『ＨｏｍｅＸ』なのですよ」

——なるほど、両面できるのがパナソニックなのだと？

「そんな気がします。ソフトウェア屋の発想だと、ホームオートメーション、つまり何でも自動化しようということになるのですが、居住者にとって、すべて自動化されるのが住みやすい、居心地がよいということにはならないでしょう。

だから、本当に住みたい、本当に楽しい住空間をつくりだす、『ＨｏｍｅＸ』に私は大きなチャンスがあると思っています」

馬場氏はまったく片意地の張らない、落ち着いた口調でそう話した。

（２０１７年８月29日、10月19日取材）

第7章　ソニーはなぜジョブズに負けたのか

——冨山和彦（経営共創基盤代表取締役CEO）

ほぼすべての産業で「勢力図」が変わる

冨山和彦氏。企業や産業を見る目の確かさで、私が信頼している経済人の一人である。彼はカネボウや日本航空（JAL）など多くの企業を再生させたことで注目されるようになった。AI時代に対応するための経産省産業構造審議会の委員でもあり、この審議会の委員には松尾豊氏も名を連ねている。

冨山氏は、著書『AI経営で会社は甦る』（文藝春秋）で「現在、AI、IoT、あるいはビッグデータの利用によって起きているのが、デジタル革命の第三幕なのだ」と指摘している。デジタル革命は、もう一つのグローバリゼーションという革命と同時進行していて、多くの企業はその大波をもろに被（かぶ）ってしまったわけだが、ここまではすべてバーチャルな産業、サイバー空間で起きた変化だった、というのである。

ところが、今回はIoT化の進展とAI技術の急速な進化によって、いよいよデジタル革命で実現する機能が「リアルでシリアスな世界」に滲（し）み出し、そこでも破壊的な影響を及ぼす可能性が生まれているという。

「裏返して言えば、今までは、コンピュータ産業やAV・通信関連事業の外側では、デジタル革命は決定的、破壊的なイノベーションを起こしていない。

たとえば、ここに来て自動運転技術が話題の自動車産業。自動車というのは、熱力学や物理的運動、すなわち『現物』が関係しているメカニカルな分野である。かつまた人の命がかかわるシリアスな輸送用機械を製造・販売するビジネスである。重電産業や医療産業なども同じ特性を持っている。こういうリアルでシリアスな産業は、今までのデジタル革命においては、決定的な影響を受けてこなかった。その証拠に、こうした産業領域では主要なプレイヤーは交代していない」と、冨山氏は指摘し、さらにこう続ける。

自動車産業では、あいかわらずトヨタとフォルクスワーゲンが競っていて、最終組み立てメーカーを頂点とするピラミッド型の産業構造もおおむね維持されてきた。

しかし、ＩｏＴとは、モノのインターネット、すなわち「現物」がインターネットで結ばれることを意味し、ＡＩとは「現物」を制御する、あるいは生身の人間の「脳」が行なっている作業の一部を機械が代替する技術である。

考えてみれば、この世のほとんどの産業、経済的、社会的な営為には人間が関わっており、私たちは脳神経系をコントロール中枢として、色々な仕事をこなしている。これから先、ＩｏＴ、ＡＩ技術を梃子(てこ)に新たな革命的イノベーションの波が覆うとすれば、いままで決定的な影響を受けてこなかった、リアルな世界のほとんど全ての産業が影響を受けることになる。

自動車などの製造業から、金融、小売り、飲食、運輸、観光、建設、医療、介護、さらに農業に至るまで、ほとんどすべての産業で、活躍する企業の顔ぶれが大きく入れ替わってしまう可能性がある。これは既存のプレイヤーたちにとっては潜在的に大ピンチだが、逆にこの波を梃子にして、飛躍的に生産性の高い産業に生まれ変わるところも出てくる、と冨山氏は捉えているようだ。

その冨山氏に、人工知能の発展、普及に対する期待と不安、つまり人間の仕事をどれほど奪うことになるのか、そして人間の脳に取って代わるなどということが起きるのか、と無知である故の愚問を恥じずに問うた。

――冨山さんは、「技術的にスゴいこと」と「儲かること」は違う、「ＡＩ技術そのものの先端性とビジネス上の『儲け』の間には、例によってほとんど相関はない」と言っておられますが、これはどういうことですか。僕は、ＡＩによってグーグルやアップルはおおいに儲けているのではないか、と思っているのですが。

「彼らはＡＩではあまりお金儲けはしていないんです。はっきり言って、ＩｏＴとかＡＩといったキーワードというのは、あまり儲けには関係がないんですよ。ほとんどの新しい先端的な技術は誰でも使えるようになっているんです。たとえば、先日、囲碁で名人に勝ったアルファ碁の基本的な計算式は、すっかりオープンになっていて、実は誰でもアクセスできます」

――そういえば、キュウリなどの選別に使われている、グーグルのテンソル・フローというソフトも無料ですね。

「それが当たり前なんですよ。開発している連中も、世界中のみんなに使ってもらって『いいね』と言われたいと願っているのですから。その典型というか、すごいなと思っているのが、グーグルのカーナビゲーションです。道路情報をすべて持っていますから、どの道にどのぐらい車がいるかまで把握し、最も短時間で行ける経路を提示するのです。

市販のカーナビよりも性能がいいですよ。しかし、グーグルのカーナビはお金をとっていません。だからウーバーの運転手なんかも、みんなグーグルのカーナビを使っています。昔だったら、ものすごい設備投資と研究開発費が必要だったようなものが、誰でも無料で使えるようになっている。そういう時代なんです」

ところで冨山氏は、デジタル革命の第一段階で、メインフレーム時代の圧倒的な王様だったＩＢＭが潰れかけ、ＩＢＭの下請けだったインテルが勝者となった、と書いているが、これはどういうことなのかと問うた。実は、私が初めてパソコンについて取材したのは１９８０年代前半だが、当時、世界のパソコン業界はＩＢＭの天下だった。

「インテルは、ＣＰＵという演算用の半導体を、ＩＢＭの下請けで作っていたのですが、ＩＢＭ以外にどんどんパソコンメーカーが出てきた。そしてインテルからＣＰＵを買いたいと言ってくる。そこでインテルは悩むわけです。

そして、悩んで悩んで、ＣＥＯのアンドリュー・グローヴは大決断をした。ＩＢＭとの独占契約を切って、求めてくるパソコンメーカーにＣＰＵを売ることにしたのです。そうなると、ＩＢＭは引き取り保証をしてくれなくなるのですが、グローヴは安定を捨てて勝負に出たわけです」

――世界の巨人に対して勝負に出たのですね。

「ところが、ＩＢＭはＣＰＵに関してはインテルに任せていたので、インテルを切り捨てるわけにはいかない。ＩＢＭは自前で作ろうとしたようですが、結局、インテル並みのＣＰＵは作れなかった」

――ということは、ＩＢＭはパソコンメーカーのワン・オブ・ゼムになってしまった？

「あっという間に倒産の淵まで追い込まれてしまった、ということです」

――追い込まれたＩＢＭは、いまどうしているのですか。

「ＩＢＭは結局、汎用コンピュータメーカーというモデルは捨てて、サービス会社、アウトソーシング会社に転じています」

――だけど、たとえばＩＢＭのＡＩ「ワトソン」は、２０１１年にアメリカのクイズ番組で歴代チャンピオンに勝って脚光を浴びました。今でも東大で使われていますよね。

「使われていますが、あれは検索サービスです。サービスプロバイダモデルに転換することで生き延びたのですが、ＩＢＭのサービスモデルというのは、ある会社のシステムを丸ごと引き受けるというものです。

ところが、最近では、全部クラウドになってしまっています。要するに、ネットワーク上にたくさんのコンピュータがあって、そのコンピュータをみんなで共有する。ある種のシェアリング・エコノミー型です。以前のように立派なシステムを自前で作って構えるという時代ではなくなっている。だからＩＢＭにとってはつらいでしょうね」

ソニーとアップルの大きな違い

――世界が大きく変わってしまったわけですね。著書で、〈デジタル革命の第二期で、インターネットとモバイル通信革命によって、オーディオ&ビジュアル分野のチャンピオンだったソニーに替わって、まったく眼中になかったアップルが市場を席巻した〉と書いていますが、これはどういうことですか。

「少し時間が戻りますが、1990年代の後半に一回アップルが潰れかかるのですが、そこから立ち直るんです」

――なぜアップルは潰れなかったんでしょうか。

「実は、アップルもインテルにやられそうになったのです。アップルは、パソコン版のIBMに近いモデルだったのですよ。むしろIBM以上に全部自前でやっていた。

すべて自前主義で、それでものすごくナイスな『マッキントッシュ』というパソコンを作って、一世を風靡しました。僕も留学時代に使っていましたよ。ところが、そこにマイクロソフトのWindowsが出てきた。マッキントッシュの良さは、アイコンで簡単に操作できることだったのですが、Windowsでもそれが可能になったのです」

――WindowsというのはIBMが使ったソフトですよね。

「さきほど話したグローヴの決断によって、ヒューレット・パッカードやコンパックなど多くのパソコンメーカーが、ＷｉｎｄｏｗｓとインテルのＣＰＵという同じ組み合わせでパソコンを作っていて、結局、値段がどんどん下がってくる。マッキントッシュはナイスだけど高いので、市場のシェアが急速に落ちていったのです」

――ＩＢＭが追い詰められたように、ですね。

「そうです。一回追い詰められた。その状況で、デジタル革命の第二フェーズに入って、パソコンの時代から携帯とインターネットの時代になり、ものすごい勢いでさまざまなイノベーションが起きて、スピード勝負になっていくんです。そのときに、スティーブ・ジョブズがアップルに戻ってくる。ジョブズはアップルの創業経営者ですが、一度クビになっていたのですよ」

――なぜ、創業経営者のジョブズがクビになったのですか。

「ジョブズ自身が迷走したんです。とにかく独断専行で、自分がやりたいことをやらずにはいられない人物なので、迷走しちゃうと会社がめちゃくちゃになる。だから、さすがに当時のボードメンバーが、『お前、ちょっといいかげんにしろ』と言って首を切ったわけです。あれは正しい判断だったと思います。そうでなければ、アップルはなくなっていた。

ところが、彼がクビになってしばらく経って、経営的に追い詰められたときに呼び戻されるんです。そのときにたまたま運よく、またイノベーションフェーズ、スピード勝負の時代になっていた。

こういうときに彼は強い。ああいう人物は、人の意見は聞かないし、ガンガンやりたいことをやる。まず、ｉＰｏｄを作りました。彼がすごいのは、人が作ったものですが、当時はまだ出はじめだったフラッシュメモリーという技術を使ったこと、そしてネット上で音楽を配信するという技術を組み合わせたことです。

おそらく、似たようなことをいろいろな人物が考えていたのでしょうが、ジョブズのすごいところは、やると決めたらすごい勢いでやるところ。相当無理なことをしてしまうわけです。

そこから、すごい勢いでいろんな、それこそ訴訟なんかもガンガンやりながら、前に進んでいった。それに対してソニーは、ちょうどウォークマンをやっていた時期です。ソニーは、もう立派な上品ででかい会社になっていたので、そういう乱暴なことを、スピーディにはできなかったわけですよ。それに対してアップルは、ジョブズが一人でものを決めているわけですからね」

――ウォークマン対インターネットですか。

「そうですね。インターネット、ｉＰｏｄですね。ソニーももちろんインターネットをやっていたし、いろいろなことに取り組んでいたのですが、やっぱり従業員が20万人もいて、それに盛田昭夫さんの時代ではなくなっていましたから。出井伸之さんはしょせんサラリーマン経営者で、独断で物事を決めることはできなかった」

——よく出井さんがソニーをダメにしたと言われていますが。

「僕はそうではないと思います。ああいう、きわめてスピーディなイノベーションの時代にすでに従業員が20万人もいる大企業だったことが敗因です。アップルは従業員２０００人で、それにジョブズという天才経営者が、独断専行でスピーディに失敗を繰り返しながら進んでいくのですから。

問題は、第三幕です。第一幕はコンピュータに限られた革命で、第二幕はエレクトロニクスに広がった革命だった。そして、第三幕はあらゆる産業を巻き込んだ革命になります。

第一幕、第二幕の革命は、人間の命には関係なく、失敗を重ねることに問題はなかった。たとえばアップルの製品の欠陥を見つけて、ユーザーたちは得意になっていたくらいですから。

けれど、第三幕では、第一幕、第二幕では揺らがなかった大企業を含めて、ほとんどの企業が巻き込まれて、持続できない企業、あるいは事業内容を根本的に変えざるを得ない企業が多くなり、逆に、飛躍的に大化けする企業も出てくるはずです」

——トヨタのシリコンバレーの研究所（TRI）のトップであるギル・プラット氏が、入社した理由を「毎日の総走行距離が、トヨタは抜群に長い」、つまり、トヨタはリアルデータが最も多くて、これがトヨタの最大の強みだと言っています。このことはどうお感じですか。

「それは、その通りです。車の不良がいかに怖いか、一番たくさん、身をもって知っているのですから」

——もう一つ、やはり世界で頑張っている日本企業にファナックがあります。一方で、実はルンバを作ったアイロボットが〝目〟を持った新しいロボットを開発していて、中国の企業と組んでいるのですね。これを経産省の井上博雄氏が「たいへん脅威」で、中国でプラットフォームを作るのではないか、と言っているのですが、これについてはどう思いますか。

「ロボットも、本当にデジタル革命がやってくると、モジュール化が起きます。すると『スマイルカーブ現象』が起きるんです。

要は、モジュールをつくるインテルみたいなプレイヤーと、川下側でお客さまを握ってプラットフォームサービスを提供する、アップルでいうとiTunesとか、グーグルのサービスモデルといったもの、だいたいこの両端が儲かる。

そして従来の組み立てをやっている企業は儲からなくなってしまう。要するに両方の下請けにされてしまうのですよ。自動車も工作機械も、やはりこの両端を押さえにいかないとね」

――よく言われるのは、トヨタの競争相手はグーグルではなく、ウーバーではないか、ということです。

「ウーバーになるのか、グーグルになるのか。それとも全然違うプレイヤーになるのか。それはわかりません」

――トヨタは、いったいどう勝負したらよいのですかね。

「たぶん、ストーリーは二つあると思います。一つは、完成車で食うということにはあまりこだわらないで、たとえばハイブリッドエンジンのような、ものすごい競争力のある決定的なモジュールを開発して、それを世界中の自動車メーカーに売るというモデルです」

――モジュールメーカーとして儲ける。つまり、インテルになるわけですね。

「その通りです。もう一つは、完成車メーカーであることにはこだわり続けるのですが、川下側、たとえば世界中のレンタカー会社を全部買収して、思い切ってモビリティーサービスを提供する。つまり、世界中どこに行ってもトヨタの車が置いてあって、どこでもすぐ来てくれる状況にする。たとえば、ウーバーを買収するとか、そういうこともあり得ます」

――自動車メーカーであることにこだわっていると、下手をするとＩＢＭになる危険性があるということですか。

「あります、あります」

冨山氏は、深くうなずいて言った。


――ところで、冨山さんが社外役員をやっておられるパナソニックはどうですか。電機メーカーは、どこも苦戦しているようですが。

「パナソニックの戦略軸はかなりクリアです。基本的には、もういわゆる家電メーカーという業態はやめましょうという感じです。これからの成長分野はB to Bだということが、かなり鮮明になっています。

いま、一番頑張っているのは自動車の車載向けの電池ですね。パナソニックは電気自動車にかけています。これは世界トップですね。テスラのパートナーとしてずっとやっていますから。

結局、次世代のエコカーがガソリンからどこに向かうのかということですが、日本勢はずっと燃料電池という方向だった。ところが、アメリカと中国は、ほぼEVという方向に舵を切っています。最近、ヨーロッパもそれに迎合して、英国もフランスも2040年までにEV以外は許可しないと決めたようです。

それに世界の傾向は太陽光や風力などの再生エネルギーです。日本でも、だんだん再生エネルギーが増えていくでしょう。しかし太陽光は昼間だけで、雨の日もダメです。風力も不安定で、どうしても蓄電池が必要です。

自動車だけでなく、家屋や工場用にも蓄電技術の開発が必要になる。パナソニックは、その辺も視野に入れているはずです」

冨山氏は強い口調で言った。苦戦が伝えられているパナソニックが、新しい可能性を見つけつつあるということなのか。

フィンテックで銀行員は10分の1になる

次いで、冨山氏に日本の銀行について問うた。フィンテック（FinTech：金融とＩＴの融合による技術革新）の台頭が、銀行にどのような影響をもたらしているのか。

「日本の銀行には二つの問題があります。一つは『預金をしてもらい、それを貸し付ける』というビジネスがじわじわと崩壊していくことです」

――貸し付けがなぜ崩壊するのですか。

「基本的には、社会全体にお金の使い道がなくなっているからです。要はお金を借りて何をするのかという話です。お金というのは、物を買うための手段です。企業にとっては設備投資の資金ですが、成長の時代が終わって設備投資が増えなくなった」

——需要が増えないわけですね。

「それに、シェアリング・エコノミーになると、逆に減ります。シェアハウスとか、カーシェアリングとかね」

——それに、人口も減る。

「おっしゃる通り。設備投資をしないから、企業の含み資産が増える。そして貸し付けが減れば、預金を増やしても意味がない」

——預金をしてもゼロ金利です。

「つまり、貸し付け、預金という銀行の基本的なビジネスモデルが壊れつつあるのです。そしてもう一つの問題は、オペレーショナルコストの問題として、フィンテックがどんどん発達すると、いろんなことがクラウドに上がってしまう。要するに共有のコンピュータのキャパシティを使えば、いろんなシステムが安くて簡単に作れてしまいます。ところが、日本の銀行というのは閉じた世界でして……」

——みんな自前のコンピュータを使っている。

「自前のコンピュータで、セキュリティーを確保するために、物理的に何十枚もの障壁を作るという、稼働率の低い巨大な仕組みを持ってしまっているのです。シェア・エコノミーの時代から遅れている。

それに支店をいっぱいつくって、そこにたくさんの人間を使って、預金を集めてお金を貸し付けるというモデルなんです」

――ネットの時代だから、支店はいらなくなる。当然、大勢の銀行員も必要なくなりますね。

「そして現金を使わなくなります」

――すると、銀行の大きな業務である決済も必要なくなるのでしょうか。

「決済は残りますが、決済をそんなに巨大なシステムでやる必要がなくなる。AIでできるし、それこそクラウド上で結ばれていれば、巨大なシステムはいらない。だから、生き残ろうとするなら、巨大なシステムと人間をできるかぎり〝捨てて〟、身軽になることです」

――どのくらいの銀行員を減らすのですか？

「ざっくり言って、現在の10分の1くらいにできるのではないですか」

――たいへんなことですね。預金、貸し付けがダメだとすると、アメリカの投資銀行のように業態転換はできないのですか。

「投資銀行になるというのは、簡単そうで実は一番遠いのです。昨日まで一生懸命に野球をやっていたチームが、明日からサッカーをやるような話で、うまくいくわけがない。それに、アメリカのように流動性が高くて人が入れ替えられる組織ならば可能性がありますが、日本の場合は、流動性がありませんからね」

――ＪＰモルガンのジェームズ・ダイモン氏が、「われわれのライバルは、ほかの金融機関でなくてグーグルだ」と言っています。

「グーグルであり、フェイスブックであり、アマゾンであり、と。そうなりますよ。フィンテックによって、どの企業でもシステムやテクノロジーが入手できます。大事なことは、顧客ベースを持っているかどうか、です。その点では、グーグルやフェイスブック、アマゾンなどは、圧倒的に強いわけですよ。

もともと金融機関というのはめちゃめちゃに参入障壁が高かった。巨大な設備やシステムを持たなければならない。そして銀行免許など、さまざまな免許が必要で、それらを全部クリアしないと金融業務ができなかった。

ところが、金融の自由化とフィンテックのせいで、ハードルがどーんと下がってしまった。そして唯一大変なのは、お客さんをどれだけ集められるかということになると、グーグルやフェイスブック、アマゾンなどは強いですよ」

冨山氏の話を聞いて、ぜひ銀行業界を取材しなければならない、と強く思った。

――ところで、アメリカではマスメディアの予想がまったく外れてドナルド・トランプ氏が大統領に当選し、英国はＥＵからの離脱を決めました。これらはグローバリズムの大きな矛盾が露呈したのだと言われています。

それと膨大な移民、難民と貧富の格差の大きさですね。ところが、日本はわりあいに落ち着いている。これは、移民、難民の問題がなく、それに欧米に比べると、非常に格差が少ないからだというのですが、なぜ日本は格差が少ないのですか。日本では一部上場の大企業の社長でも報酬は数億円ですが、アメリカだと70億、80億ですね。

「あれはやり過ぎですが、ヨーロッパでも日本より4〜5倍高い」

――繰り返しますが、なぜ日本は高くないのだろう。

「グローバル化していないというのは、組織が日本ベースなのです。企業に従事しているのがほとんど日本人で、自分の給料を上げすぎると、みんなが離反するという恐怖感。要するにサラリーマン経営なのです。

それに対して、アメリカやヨーロッパは、経営職というのが独立していて、サラリーマンたちより経営者の給料が30倍、40倍高くても、別に違和感も反発もない」

――格差が少ない。多くがサラリーマン経営者というのはよいことですか。

「ある種のバランスは保っていますが、一方で、思いきったチャレンジができない。だから、グローバル競争において、多くの日本企業は負け組になってしまっているのです。アメリカは経済が自由化されているので、生産性の低い企業はどんどんつぶれる。しかし日本の場合は、あまり規制緩和をしていないので、生産性の低い中小企業が生き残ってしまう。たとえば、経営不振の地方のバス会社の運転手は、正社員でも年収２００万円そこそこなのですよ。実は彼らのなかには、兼業農家で、農業の収入がある人たちもいます。農業は無税、というよりも税金で成り立っています。税金で家計を補塡して、低賃金で働いている。こういう仕組みで成り立っているゾンビ会社が少なからずある。だから、長い間の不景気でも何とかやっていけている。

いわば成長を犠牲にしてというか、成長というコストで雇用を買ってきたのが日本の選択です。もっとも、少子高齢化で、どこも人手不足なので、アメリカやヨーロッパ諸国のように雇用を守ることにセンシティブ（神経質）ではなく、ＡＩやＩｏＴをどんどん使うことができる。生産性の低い中小企業が競って使うのではないですか」

冨山氏は皮肉な口調で言った。

——最後にお聞きしたいのですが、２０１５年の12月に、オックスフォード大学の学者たちと野村総研が共同研究をして、10〜20年後には日本人の仕事の49％がＡＩに奪われる可能性がある、と発表していますが、冨山さんはどう捉えていますか？

「置き換えは起きるでしょうね」

——東大の松尾豊さんは、49％の人が仕事を奪われるかもしれない、という説を否定していますが。

「多分、それが正しいでしょう。こういうテクノロジー・イノベーションの歴史は、昔の道具の発明、自動車の発明、全部同じです。産業革命のときも同様で、職人たちは機械に仕事を奪われるのではないか、と機械の打ち壊し運動まで起きたのですが、結果として仕事はどんどん多くなった。

汎用ＡＩが、人間の脳に取って代わるなんていうのは、夢のまた夢ですよ。ＡＩに取り組んでいる人々は、そんなことは思っていないはずです」

冨山氏は、自信に満ちた口調で言った。

（２０１７年７月26日取材）

第8章　銀行は本当にリストラ不要か　三井住友銀行の決意

――奥正之（三井住友フィナンシャルグループ名誉顧問）
――谷崎勝教（三井住友フィナンシャルグループ取締役　執行役専務）
――太田純（三井住友フィナンシャルグループ取締役　執行役副社長）

銀行のビジネスモデルは崩壊寸前？

いま金融業界が、フィンテックによって大きな変化を迫られている。

金融の技術開発が進んで、金融業界を大きく変え、業界で働いている人間たちの多くが仕事を失うことになるのではないか、と見られているのである。

金融業界の事情に詳しい森本紀行氏の著書『銀行員大失業時代』（小学館新書）によると、「2015年、バンク・オブ・アメリカは、フィンテックによって向こう20年以内にさまざまな仕事がロボットに代替され、2500万人が失業するという予測を発表しました」ということだ。

さらに「2016年には米シティバンクが今後10年で3割が職を失うと試算して」おり、「米証券大手ゴールドマン・サックスでは、2000年に600人いたというトレーダーが、運用プログラムに代替され、2017年ではわずか2人になっている」そうだ。

そして、森本氏は「アメリカの金融機関でさえ、フィンテックによって3割が代替され、仕事を失う可能性があるという見方をしているのです。これまで、仕組みも人員も相対的に温存されてきた日本の銀行では、よりドラスティックな影響を考えるのが自然でしょう。最低半数、もしかすると7割くらいの人が淘汰の対象になるのではないでしょうか」と指摘している。

現在、銀行は多くの支店を抱えていて、運用ではなく営業的行為をしている行員のほうが多い。

森本氏によれば、「営業的行為」とは「案内係、窓口（テラー）業務、個人への資産運用アドバイスや、投資信託、保険などの金融商品販売（いわゆるローカウンター）、支店が担当する比較的小口の融資先担当」などで、こうした「職種はほぼすべて、なくなってしまう可能性がある」という。

しかも、日本の金融機関はフィンテックへの投資が非常に遅れていて、日経新聞（２０１７年2月14日付）によれば、「２０１５年の日本のフィンテック関連企業への投資額は６５００万ドルと近年は急増している。ただ、首位の米国に比べると０・５％程度で、中国の30分の1、インドの25分の1にとどまる」というのである。

なぜ、こんなに出遅れているのか。

森本氏は、「供給面から考えると、日本の場合はベンチャーが開発した技術に金融機関のような大手資本が高値で買いを入れるような動きが乏しく、言い換えればメガバンクであろうとなんでも自ら手がけようとします。そのためか、残念ながら、規模だけでなく質的な面でも遅れを取っている」と指摘する。

また日本は、現金を重用し、貯蓄を好み投資に後ろ向きな高齢者が多く、フィンテックに対応するのが遅れたのだ、とも書いている。

さらに、企業再生の権威的存在である冨山和彦氏も、前述したように、「日本の銀行には二つの問題がある」と深刻に捉えている。

「一つは、預金を貸し付けるというビジネスが、じわじわと崩壊していきます。企業にとって、融資を受けるのは設備投資をするためですが、成長の時代が終わって、設備投資が増えなくなった。需要が増えませんからね。それに、シェアリング・エコノミーの時代になると需要は逆に減ります。シェアハウスとか、カーシェアリングとかね」

「企業が設備投資をしないから、貸し付けが減り、預金を増やしても意味がない。つまり、貸し付け、預金という銀行の基本的なビジネスモデルが壊れつつあるのです」

こうなると、日本の銀行は、どう対応するのか。銀行ははたして生き残ることができるのか。

そこで、日本のメガバンクで、フィンテックへの対応が比較的進んでいる、とエコノミストたちが話している三井住友銀行を取材した。

2017年3月まで、三井住友フィナンシャルグループの会長であり、現在は三井住友フィナンシャルグループ名誉顧問である奥正之氏に、三井住友銀行本店で長時間にわたって話を聞いた。奥氏は１９６８年に住友銀行に入社し、２００５年６月に三井住友銀行の頭取に就任している。

AIにヒトの仕事はこなせない

――住友銀行が、三井銀行と太陽神戸銀行の合併でできたさくら銀行と合併したのは２００1年４月でしたね。あのときは、どういう役職でしたか。

「専務取締役でした。さくら銀行とほとんどの部署が重なっていたので、その調整に神経を使いました。それに、たいへんな金融危機の時代でしたからね」

――実は、今日お聞きしたいのは、大きな話題になっているフィンテックについてですが、銀行はどう変わるのですか。銀行員が大量に職を失うとか、支店がなくなるのではないか、などと言われていますが？

「今日は、フィンテックの話になると思ったので、担当役員を同席させたのですがね」

奥氏はそう言って、隣にいる担当役員の谷崎勝教取締役執行役専務の肩を軽く叩いた。

「フィンテックは、銀行業務において部分的には非常に効いてくると思います。また、金融業界はもっと積極的にフィンテックを取り入れなくてはならないと捉えていますが、現実に考えると試行錯誤もあるし、短期的にはそう大幅に変わることはない、と僕は思っています」

奥氏は、余裕のある口調で言った。無理に余裕を装っているわけではなさそうだった。

――だけど、現在のままでは銀行は生き残れない、というエコノミストが少なからずいますよ。

私が語調を強めて問うと、隣の谷崎氏が抑えた口調で話しはじめた。

「フィンテックと言っても、いろいろなテクノロジーを使った仕組みがありまして、田原さんが一番興味がおありなのは、おそらくＡＩのように自動化するプロセスだと思います。

実は、そこはすごくテクノロジーが進んでいるので、従来から銀行としては、第一次オンラインから、第二次、第三次と、ＩＴ投資をすることによって、省力化を進めてきました。だから、ＡＩをうまく使うことで、さらにそれが加速していくと思います。そして、生産効率が上がり、仕事をする人たちが楽になって、短時間で少ない人数でできるという効果も出てくるでしょう。すると行員たちは、違った仕事に労力を振り向けられることになります」

谷崎氏の説明を補足するように、奥氏が話しだした。

「銀行の業務というのは、事務と業務（営業）のふたつに分かれていまして、今までの大きなシステムは、どちらかというと事務まわりの仕事を、人間に替わって大型コンピュータがやることであり、省力化が大きな目的だったのです。

一方で分散系のコンピュータで、業務系の、たとえば計算を速くするとか、アルゴリズムを使ってというような形で市場営業まわりやリスク管理上の理論的な計算などをやってきました」

――たとえばＡＩの導入で会計士の仕事がなくなる、と言われていますが、事務まわりの仕事に関わっている行員はいらなくなるわけですよね。

「そんなことはありません。事務関連の人間も、事務処理の部分と判断部分の両方をやっています。そして、ＡＩはそれをアシストしてくれますが、判断をするのは人間です。ＡＩが判断するのは、まだまだ無理ですよ。

いま、政府は働き方改革をやろうとしていますが、ＡＩによってアシスト機能が補強されるのは確かです。ただ、アシスト機能がメインの判断機能に置き換わるかといえば、それはなかなかならないでしょうね。

そして事務の面で、たとえば送金業務ですが、国内の場合は全国銀行協会のシステムと日本銀行のシステムがつないであって、安全で安心なものができ上がっています。海外送金はＳＷＩＦＴ（銀行間通信網）に替わってフィンテックで、とも言われていますが『安全、安心』ということでは、まだまだ疑問があります」

――フィンテックが普及すると、支店がいらなくなるのではないか、とも言われていますが。

「僕はなかなか、そうはならないと思います。なぜかというと、支店は支店だけで仕事をしているのではなく、お客様がいらっしゃる。そして、お客様がフィンテック、インターネットを操って、支店に行かないですむか、というと、そうでもありません。実は日本で今、個人金融資産の68%を持っているのは60歳以上なのです。

こういう方々は、スマホを操るのではなく、たとえば杖をついてでも銀行店舗にお越しになる。それに個人資産の運用業務は、相談窓口の行員がお客様の希望を聞いて、いろいろ話し合って決めるわけで機械にはできません」

奥氏は、はっきりと言い切った。

日本企業の競争力は落ちている

――経営コンサルタントの冨山和彦氏から聞いたのですが、銀行の主たる業務は貸し付けですが、それを求める企業がじわじわと減っているようですね。成長の時代が終わって、企業が設備投資をしなくなったからだというのですが。この点はどうですか。

「私どもの銀行では、貸し付けが伸び悩んだ時期もありますが、2012年度以降の国内貸し出しでは、毎年５０００億円程度の増加が続いています。前年度からは４兆円くらいの増加ですね」

――なぜ、ここに来て増えたのですか。

「僕は現役を卒業しているのですが、大企業、中堅企業の海外買収案件、これらは円でファイナンスします。それから、設備投資ですね」

――いったい、どこに設備投資するのですか。

谷崎氏が「更改投資。つまり現在の設備を新たに取り換えるのです」と説明した。すると、奥氏がそれを引き取るように話した。

「更改投資は、常にあります。だけど、純然たる減価償却を超える設備投資もでてきています。たとえば、あるオムツの製造メーカーでは、アジア・中国のインバウンドを含む需要に対応するために、製造ラインを増設するための投資がありました。

それからふたつめは、成長のために国内外で他企業を買収する資金が必要となる例が増えています」

――だけど、企業は内部留保を４００兆円も抱えていて、安倍首相がしきりに「設備投資せよ、給与を上げよ」と言うけれども、反応しないではないですか。

「それはやはり、企業も、自分たちの身の程を考えているのですよ。金融危機の際に頼りになるのは手元の現金ですからね」

奥氏は、そこでいったん言葉を止めて、こう続けた。

「資金需要との関係でいえば、僕はマイナス金利というのは実におかしいと思っているんですよ。デフレ脱却と言っているときに、何でマイナス金利にするんだ、と。日本の企業は、借り入れ金利がゼロでありながら、営業利益率が5%以下のところが多いのです。

金利がゼロなのに、自分たちの収益力の向上につながっていない。それは、やっぱり競争力が落ちているからではないでしょうか」

奥氏は、政府批判をしているのかと思ったのだが、どうやらそうではないようだ。

――なぜ、日本の企業の競争力が落ちているのですか。

「イノベーション、イノベーションという掛け声はよいのですが、残念ながら世界的な戦いのなかで、日本ではビジネスモデル化して収益力強化につながるイノベーションがそれほど出てきていないのではないでしょうか」

――たとえばＡＩという観点に立って、最前線にいるのは、グーグル、アップル、マイクロソフト、アマゾンなどで、日本企業の名前は出てきませんね。

「構造的変化への対応が遅れているのでしょう」

――なぜ遅れているのですか。

「GDPにおける日本の製造業のウェイトが1980年代は30％ぐらいあったのですが、現在は25％を切っています。それに替わって、サービス産業のウェイトが増していますが、その中でも伸びているのは情報通信関連やネット販売関連企業などです。全般的に日本人の苦手な領域でイノベーションのビジネスモデル化に苦労し、スピード感も相対的に遅いからではないでしょうか」

銀行は地べたのコンサル業

フィンテックをもっと積極的に取り入れなければならないと認めつつも、銀行員のリストラにはつながらないと、奥正之氏は主張する。それでは、銀行員の仕事は今後どう変わっていくのか。

――トヨタやパナソニックなど、日本を代表する企業を取材したのですが、いずれも主たる研究所をアメリカのシリコンバレーに設置しています。三井住友銀行もシリコンバレーに研究所がありますが、何のためですか。

奥氏に代わって、谷崎氏が説明を始めた。

「情報収集です。要するに、シリコンバレーにいるスタートアップ企業が、新しい金融の分野でこんな技術を開発しているとか、こんな技術をアメリカの金融機関に売り込んでいるとか、こんな技術がこのように組み合わせられているとか、日本にいるとわからない情報がたくさんありますからね」

――情報収集だけではなく、当然、三井住友銀行はアメリカやヨーロッパなど、海外での事業展開をしているのですよね。

「私どもも失われた10年の後、海外事業へ反転攻勢をかけています。１９９０年までは、海外部門も収益的にみれば３割以内でした」

奥氏が話を引き取った。

――現在は、金額ベースで海外事業は何割くらいですか。

「海外事業の収益は、粗利で40％強ぐらいです。一つには国内が増えないので、海外のシェアが高くなっている面もあります」

――国内は、企業の設備投資は減るし、人口は減少する。ここが一番聞きたいのですが、これから銀行はどうするのですか。

「国内は法人と個人に分けて考えているのですが、収益はピークに比べると、法人も個人も確かに減っています。やはりマイナス金利ということは大きいですね」

そこで、谷崎氏が引き継いだ。

「たしかに、いったんは法人の収益が落ちたのですが、それから戻りつつあります」

――本当ですか。成長が終わって、少子化なのに、なぜ収益が戻りつつあるのですか。

「それはコンサルティングですよ。ソリューション（新たなビジネスモデルやシステム導入による問題解決）です。従来どおり、企業から貸し付けを頼まれるのを待っている、個人の金をお預かりする、というのでは仕事になりません。

法人の場合は、『こういう分野が伸びます』『こんな事業が面白いのではないですか』『こんな会社を買ったらどうですか』と我々がいろいろ提案する。つまりコンサルティングに力を入れているんです」

――コンサルティングといえば、昔、磯田一郎さんが住友銀行の頭取だったときに、住友銀行の構造改革をするためにコンサルティング企業のマッキンゼーに頼みました。

いま、行員のコンサルティング能力を高めるために、マッキンゼーやボストン・コンサルティング・グループなど専門のコンサルティング企業とは組まないのですか。

「弊社がやっているのは、いわば地べたのコンサルティングなんです。コンサルティング企業は、企画書や報告書を作るのはうまいですが、我々がやっている地べたの業務に通じているわけではありません。

ですから、２００６年にコーポレート・アドバイザリー本部をつくりまして、そこのスタッフがフロントというか、支店の人間をバックアップして共同でコンサルティング業務をやっています。

当初は100人くらいでしたが、現在は約300人です。スタッフと共同してやると、支店の人たちのモチベーションも上がるし、企業が食いつくアイデアが出てきます」

むしろ、人手不足が悩み

——ところで、2015年にバンク・オブ・アメリカが、フィンテックによって20年以内に2500万人が失業する、と予測しています。さらに2016年にはシティバンクが、今後10年で3割が職を失うと試算しています。日本の銀行はどうなるのでしょうか。

「アメリカの場合はすぐに人を切れるので、フィンテック絡みで、おそらく人が減らせるのだろうと思います。野村総研がオックスフォード大学の学者たちと組んで2015年12月に、AIの普及によって10〜20年で日本人の仕事の49%が失われる可能性があると発表していましたが、その中でも銀行の事務部門の仕事が失われると指摘していました。

もちろん、そういう部門での人員縮小は当然ありますが、それには時間がかかり、ほかの部門に移すとか、新人の採用を減らし、辞めた人の補充をしないということで充分対応できます。

リストラは考えていません。むしろ、少子化による人手不足にどう対応するか、に頭を悩ませているのです」

奥氏は、リストラ目的の行員の首切りはなく、支店の閉鎖もない、と言い切った。フィンテックは当面、あくまで銀行員のアシストで、メインにはならない、と自信のある口調で言った。

ところが、２０１７年10月28日付の読売新聞が、一面トップで大きく「みずほ1万９０００人削減へ　10年で店舗集約、ＩＴ強化」と報じた。

メガバンクの一角である、みずほフィナンシャルグループは、フィンテックの広がりで、銀行以外の新興企業が台頭し、事業環境が非常に厳しくなると捉えて、従業員数を２０２６年度までに現在の約6万人から約4万人へと段階的に縮小する、というのである。

全国で約８００店ある店舗数も約１００削減するということだ。

やはりメガバンクの一つである三菱東京ＵＦＪ銀行（現・三菱ＵＦＪ銀行）も、ＡＩなどを活用してデジタル化を進め、国内従業員の30％にあたる９５００人分の事務作業量を削減し、やはり支店数を最大で約１００減らす計画を打ち出すという。

そして、三井住友フィナンシャルグループでも、ＩＴを活用して事務作業量で４０００人分の削減効果を出す、と発表したのである。

3万3000人分の業務がなくなる

メガバンクは、いずれも長引く低金利政策によって、本来の貸し出しの収益力が低下しているのだ、と読売新聞の記事は強調している。

さらに読売新聞は翌29日付の記事で、〈3メガバンクで削減する業務量は約3・3万人分。人員削減につながるデジタル化の加速は、厳しくなる収益環境が背景にある。日本銀行のマイナス金利政策の影響で、貸出金利は極めて低い水準になって利ざやが乏しく、融資などの既存の業務だけでは収益を拡大しにくい〉と、繰り返し強調した。

そして、〈フィンテックにより、例えば、消費者はスマホなどで送金や決済などが手軽にできるようになった。三菱東京UFJ銀行では、ネットバンキングの普及で来店者数は過去10年間で既に4割ほど減少した。他行も同様で、今後はフィンテックの拡大で来店数は一段と減少する。銀行員を従来の規模で配置する必要性が失われつつある〉と指摘して、メガバンク2行の頭取に、次のように言わせている。

「従来の銀行の支配的な発想は捨てた」（みずほ銀行　藤原弘治頭取）
「既存の金融業はもうない」（三菱東京UFJ銀行　三毛兼承頭取）

そして２０１７年11月17日に、日経新聞は社説で〈（３メガバンクの）業務純益は、現行の３メガ体制が固まった05年３月期に比べて７割弱の水準に落ち込んでおり、３メガバンクは合計３万人超の人員削減と再配置を決めた。競って全国展開してきた店舗も集約・閉鎖したり小型化したりする〉と書いている。

三井住友フィナンシャルグループの奥正之前会長は、当面、ＡＩはあくまでもアシスト機能であって、リストラ目的の銀行員の人員削減や支店閉鎖はない、と語ったが、各紙の報道によると、メガバンクはいずれもきわめて深刻な状態に陥っていることがわかる。そこで三井住友銀行に、あらためて取材を申し入れた。

実は、内心断られるのではないか、と危ぶんでいたのだが、快く取材を受け入れてくれた。そして、本店で、三井住友フィナンシャルグループ取締役執行役副社長の太田純氏が会ってくれ、いわば無遠慮な再取材に、不快そうな表情はまったく示さず、一つ一つ、抽象的にではなく、具体的に、誠実に答えてくれた。

私は各紙を持参して、太田氏に直接記事を示して問うた。

――たとえば、みずほフィナンシャルグループは10年間で６万人を４万人に減らし、三菱東京ＵＦＪ銀行は９５００人分の仕事を減らすようです。そして、両行とも支店数を１００店舗前後減らす予定です。

この前、前会長の奥さんはリストラもしないし、支店の数も減らさない、と言われましたが、新聞報道では三井住友フィナンシャルグループも４０００人分程度の仕事を減らすようですね。

「これまでは、業務の拡張に伴って人が必要だったのですが、今後は事務の効率化が進むので、採用を減らしていくことにはなります。しかし、リストラ、首切りの類はやりません」

――だけど、みずほは約2万人の削減、三菱東京ＵＦＪ銀行も９５００人分の削減となっています。三井住友はなぜ４０００人なのですか。削減数が飛び抜けて少ないのはなぜですか。

「それは期間の問題だと思います。みずほさんは10年、ＭＵＦＧさんは7年間での数字をおっしゃっているのですが、われわれは3年間の数字を言っているわけでしてね」

太田氏は慎重な口調で言った。

――それでは、10年間だと、どのくらい削減することになるのですか。

「そこまでは、まだ想定していません。10年後まで想定するのは非常に難しいと思いますが……」

太田氏は困惑した表情で言ったが、隣にいた中堅行員が躊躇（ちゅうちょ）しながら話しはじめた。

「こういうと手前味噌だと言われるかもしれませんが、実は三井住友は、もともとリストラが進んでいまして、旧さくら銀行と旧住友銀行が合併したのは２００１年４月ですが、そのときは2行を合わせると、支店の数が７４０店あったのです。

それを合併して2〜3年の間で、４４０店にまで、一気に絞り込んでいます。それに、いろんな不幸の巡り合わせもあり、当時は公的資金を注入されていたので、金融危機ということもありまして、２００６年までは、採用人数をものすごく絞り込んでいたのです。コストカットが絶対的な課題だったのですよ」

実は私は、三井住友銀行の事情に詳しいエコノミストに、中堅行員の説明よりも詳細な説明を聞いていた。

「三菱東京ＵＦＪ銀行の場合は、旧ＵＦＪの部分のリストラは必要だったが、三菱銀行と東京銀行はそれほど危機状態になかった。だから、三井住友ほどの絞り込み、つまり思い切ったリストラはやっていなかった。

みずほの場合はリストラが必要だったのですが、２００２年の4月に、当時大きく報じられたように、たいへんなシステムトラブルが起きて、その対応に追われて、リストラも店舗統合もなかなか手がつけられなかった。そのために、6万人を4万人に削減する、そして支店を百数十店も減らさなければならなくなったのです。

三井住友にしてみると、15年前に自分たちがやったことを、他行は今やろうとしている、ということになるのではないでしょうか」

こうしたエコノミストの説明を太田氏にぶつけた。

「そうですね、自分たちで言うのははばかられますが、ほかのメガバンクさんに比べると、私どもはかなり効率的になっていると思います」

太田氏は控えめな口調で言い、「実は従来は毎年１３００人ほど採用していたのを、２０１８年は８００人に減らしたのです」と話した。

フィンテックへの投資額は中国の30分の1

――なるほど……。それにしても、２０１７年2月14日の日経新聞によれば、２０１５年の日本のフィンテック関連企業への投資額は、６５００万ドル（約70億円）程度で、アメリカ全体の０・５％程度で、中国の30分の1、インドの25分の1でしかないということです。なぜ、こんなに少ないのですか？

「一つは、マーケットの大きさの違いです。アメリカのマーケットは、日本の何倍も大きいところがあります。もう一つは日本のお客様はそんなに困っていらっしゃらない」

――それはどういうことですか。

「たとえば、お金を預けたり、現金を出したり、送金したりすることが、日本ではきわめて利便性が高い。ですが、アメリカや中国、インドなどでは、けっこう不便なのですよ」

――アメリカ、中国、インドなどは、不便なところが多いとは、具体的にどういうことですか。

「たとえばアメリカは小切手社会で、小切手を現金化するのに時間がかかるとか、小切手を受け取った人は、それを銀行に持って行って決済しなきゃならないとか、あまり便利ではないところが少なからずあります。それで、いろんな新しい、便利なビジネスを開発する余地があったのでしょうが、日本の場合は割合に銀行行政がきちんと守られていて、かつプラットフォームが非常にしっかりできていたので、あまり新しいビジネスが出てくる余地がなかったのです」

太田氏は、私の反応を確かめながら話した。

――しつこいようですが、経営コンサルタントの冨山和彦さんが言うには、日本でも貸し付けが減ってきたといい、新聞報道でも、預金に対する貸付額が６割くらいしかないということですが。

「それは、預金額が多すぎるためですが、貸付額そのものは増えているんですよ」

——奥さんも、そうおっしゃった。だが、10月29日の読売新聞で、みずほ銀行の藤原頭取は「従来の銀行の支配的な発想は捨てた」と言い、三菱東京UFJ銀行の三毛頭取は、「既存の金融業はもうない」と言っています。これはどういうことですか。

「他行のお考えについては承知しておりませんが、私どもについて申し上げれば、業務環境が激変しているので、本格的な構造改革が必要だという認識で、昨年4月からスタートしています」

ヤフーやグーグルとも提携

——本格的な構造改革とはどういうことですか。

「これまで人手をかけてやってきたことを、AIなどで機械化、デジタル化して、業務のスタイルをまったく変えるということもありますし、新しい成長機会を求めて、これまでの銀行業務と違うところへも出ていきます」

——新しい成長機会とは、具体的にはどんな分野ですか。

「たとえば、テクノロジーが発達することで、これまでの決済方法が大きく変わることになります。決済自体が伸びるわけではありませんが、車と同じで、新しいモデルが出てくると代替需要が出てくるわけで、新しい利便性が高い決済のやり方が出てきます。これが新規事業になります。

さらに、海外での事業が伸びる。いや、伸ばさなければなりません。そして、銀行も総合的なサービス業になっていく。これが、最も大きな構造改革です」

太田氏は、最後の部分を力を込めて言った。

——総合的なサービス業とは、具体的にどういうことですか。

「コンサルティングと関わりがあるのですが、お客様の困っていらっしゃることに、どのように対応していくかということです。デジタライゼーションを使って、サービスの質を高め、思い切って幅も拡げていく。あえていえば、銀行業の枠を、ぎりぎりまで拡げていくわけです」

——そういえば、三井住友は、たしかヤフー（Ｙａｈｏｏ！ ＪＡＰＡＮ）と提携しましたね。

「はい。ヤフーさんと提携して、たとえばビッグデータの活用などを共同研究していこうと思っています。グーグルさんともいろいろ提携して、ＡＩのプロジェクトをやっています」

——具体的にどういうことをやるのですか。

「銀行法の規制があるので、異業種のいろんな企業と協働というかたちで、サービスの幅を拡げていこうとしているのです」

——たとえばアマゾンは書籍のネット販売から始まって、あらゆる商品に拡げ、さらに銀行

業、金融にまで参入しようとしていますが、三井住友もアマゾン的な拡がりを目指している
わけですか。

「そうですね。アマゾンさんまではなかなかいけないと思いますが、銀行のできることを、
周辺から拡げていこうと考えています」

太田氏は、口調は慎重だったが、尋常ならぬ意欲と決意を示していた。

（２０１７年９月１日、12月７日取材）

第9章　AIで否応なく広がる格差社会

——井上智洋（駒澤大学経済学部准教授）

第四次産業革命とベーシックインカム

「人工知能」について語る、学者もエコノミストも、現在の特化型人工知能の発展と、その影響については詳しく話すが、汎用人工知能の影響については話したがらない。

特化型人工知能は、囲碁では名人に勝てても、将棋やチェスはできない。つまり一つのことしかできないのである。

それに対して、汎用人工知能は、人間のようにいろんなことができるわけで、こうした汎用人工知能が普及すると、世界はどのようになるのか。人工知能の専門家たちが、汎用人工知能について語りたがらないのは、汎用人工知能が、世界をディストピア〈ユートピア〈理想郷〉の正反対の社会〉に陥れる恐れがある、と強い不安を抱いているためではないのか。

そんな中で、経済学者の井上智洋氏は『人工知能と経済の未来』という著書で、汎用人工知能の普及が世界にどんな影響をもたらすのか、そして２０３０年頃に起こるとされている第四次産業革命は世界のあり方をどのように変えるのか。読む側が躊躇するほど大胆に、率直に展開している。疑問も少なからずある。そこで、ぜひ井上氏を直接取材したいと願ったのである。

井上氏は現在、駒澤大学経済学部の准教授を務めている。井上氏は、いわゆる格好をつけない、まったく自然体の受け答えをする人物であった。

——井上さんが人工知能というものに関心を持たれたのはいつ頃で、きっかけはどんなことですか。

「実は大学（慶應大学）のときは、経済学にあまり興味がなくて、環境情報学部で、コンピュータサイエンスをやっていたのですが、哲学がけっこう好きで、人間って何だろうということを考えていたのです。そのときに、機械に置き換えられない部分が人間の本質であり、逆に人工知能でどこまで人間に迫れるのかを探究したいと強く思ったのです」

——当時、インターネットは開発されていたのですか？

「はい、インターネット・ブームの時代なのですが、日本では第五世代（コンピュータ）がうまくいかなくて、人工知能は冬の時代でした」

——人工知能の冬の時代に、人工知能に取り組まれた？

「みんなにバカにされました。今頃人工知能などやってもしょうがないではないか、とね」

——そのために、日本は第三次産業革命に乗り遅れた。そしてデフレから脱出できないでいる。なぜですか。

「日本人は、どうもビジョンをつくるのが苦手なのですね」

——うーん、どうしてなのでしょうか。

「戦後日本は、アメリカの庇護(ひご)のもとに平和を享受してきて、世界に向けてビジョンを広げる必要がなかったことが、一つあると思います。いいかどうかは別にして、戦前は大東亜共栄圏とか、いろいろビジョンを掲げていましたよね。それに対して、戦後はアメリカという絶対的な存在があって、ただただ経済的な豊かさというものを追求してきて、その中で、哲学の教育が、あまり日本ではなされていなかったことに関係があると思います。考えて、ビジョンをつくって、それに向けて世界を変えていく、という発想、理念が戦後の日本人には欠けていたのではないでしょうか」

——日本の代表的な総合家電メーカーであるパナソニックの創業者である松下幸之助さんが、わたしに、「うちには、東京に素晴らしい研究所がいくつもある。だから、それらの研究所が開発したものを、うちの工場で大量生産して、完璧な販売網で売る」のだ、と何度も言いました。しかし、パナソニックの研究所など東京にはありません。

松下さんが「研究所」と言っているのは、ソニーや富士通、NECなどのことです。そうした企業が開発したものを、パナソニックは、大量生産し、完璧な販売網で売る。つまり二番手として活動してきたわけです。それに、ソニーにしても、トランジスタを発明したのはアメリカ人で、それをラジオやテレビに使うことで、ソニーは世界に打って出たわけで、やはり二番手です。自動車だって、開発したのはフォードで、いまやトヨタが大きく逆転しています。

「そうですね。その意味では、ものづくりは二番手でも、大量生産に成功すればうまくいくのでしょうが、ITの世界では、最初にビジョンをつくって、それに向けて先に動いた者が一人勝ちになるのですよ」

――その通りですね。だから、現在最前列にいるのは、グーグル、アップル、マイクロソフト、アマゾンなどで、松尾豊さんに言わせると、日本企業は3周遅れだそうですね。話は飛びますが、以前、政治家の宮澤喜一さんが私によく言ったのですが、先進国首脳会議(G7)などの国際会議の場で、日本の政治家の発言が極端に少ない。なぜか。私が「英語ができないからか」と問うと、「そうではなく、教育が悪いのだ」と言った。

日本の教育は、小学校、中学校、高校でも、教師が正解のある問題を出して、それに答える。正解を答えないと怒られる。だから、日本の政治家たちは、正解を答えなければならない、と思っているのですが、G7での問題には、正解などはない。だから日本の政治家たちは発言できないのだ、というのです。それに対して、欧米では、教師たちが正解のない問題を出して、生徒たちが想像力を働かせて、A、B、C、D、それぞれに答えて、自由にディスカッションする。つまり想像力を掻き立てて、自由にディスカッションさせる。これが欧米の教育なのですね。

「おっしゃるとおりです。特に今までは、何か最適なものをつくればよかったのですが、そうではなくて、一からビジネスモデルをつくらないといけないということです。そしてビジネスモデルというビジョンなりアイデアなりというものは、何か問題があって解くのではなく、自分で問題を発見して、それに対して自分で考えて答えを出さないといけないということなんですね。そういうのはたしかに日本人は苦手なのでして、それは教育のせいというのはあると思います」

日本人研究者の「谷間の世代」

――そこで、今、トヨタもパナソニックも、いくつものメガバンクも、シリコンバレーに研究所をつくって懸命にチャレンジしていますが、日本の企業はトップランナーになれますか。

「かなり難しいと思っていますね。日本の企業が、そうやって海外の優秀な人材を採り入れるのは大変けっこうですが、日本人自体がもっとイノベーティブにならなければならない。ところが、この部分が、はっきり言って劣勢になっているのです。たとえば、今、日本の科学技術力が、相当ガタガタになっています」

――そういえば、2015年の世界の大学ランキングで、東大が23位、京大が59位だったのですが、17年には東大が46位、京大が74位に落ちて、ほかの国立大学はどこも２００位以内に入れなくなってしまった。なぜ、こんなに落ちてしまったのでしょうか。

「中国とか発展途上国だった国々が発展してきたので、相対的に落ちた部分は仕方がないのですが、一つ決定的に駄目なのは、論文数ですね。科学者は論文でその研究成果を発表するわけですが、世界で認められている雑誌などに載る論文数が少なくなっているのです」

――日本の企業がトップランナーになるのが難しいのは、日本人がイノベーティブに欠けているからだ、と指摘されましたが。

「もう一つ、資金力の問題があります。イギリスのディープマインドという会社は、アルファ碁を作っていますが、人工知能に関する基礎研究の大きな成果の半分ぐらいはディープマインド社の成果だと私は思っています。つまり日本全部が一緒になっても、ディープマインド社に勝つのは難しい状況です」

――資金力で、なぜディープマインド社がそんなに強いのですか？

「ディープマインド社はグーグルの傘下にあるので、グーグルが潤沢な資金を提供していて、いいスーパーコンピュータを用意できるという環境にあります。しかし、決定的に日本が不利なのは人材だと思います。なぜ、人材が不足しているのか。40歳代を中心に、30～50代にかけて日本のＡＩ研究者がごっそりいないのですよ。これは、第五世代コンピュータの失敗によって、ＡＩの冬が日本では深過ぎたことによります。もう誰もＡＩに見向きもしなくなり、ＡＩに取り組んでいた企業も、ＡＩの研究者をほとんど辞めさせたり、配置転換をして、誰もいなくなってしまった。日本全体がＡＩに対する興味を失ってしまったのです。

ところが、アメリカやカナダやイギリスなどは、冬の時代にもちゃんと研究をつづけていて、だから21世紀になってからカナダのトロント大学で、ジェフリー・ヒントン氏などが、『ディープ・ラーニング』を開発することができたのです。日本でも、ＡＩが有効だということになって、いろんな研究所がつくられたのですが、肝心の人材がいない。少数の研究者が、やたらに掛け持ちせざるを得なくなっていて、これでは華々しい成果が出るわけがありません」

――ところで、井上さんの著書にも出てくるのですが、オックスフォード大学のカール・フレイ氏とマイケル・オズボーン氏が「雇用の未来」という論文を書いていて、それによると、ＡＩの普及によって、アメリカの労働者の半分近く（47％）が従事する仕事が、10〜20年後に、70％以上の確率でなくなるかもしれないということですが、井上さんはどう捉えていますか。

「私は、そんなに起きないと思います（笑）。なぜかといいますと、技術的な代替可能性を言っているだけで、実際に導入されるかどうかはわからないし、導入のコストというのもあります。それに経営者がどれだけ理解できるか、という問題もあり、スーパーのレジ係やホテルのフロント係などを無人化するのを、ユーザーが嫌がるというのもけっこう大きいと思います」

――２０１５年の12月に、オックスフォード大学の学者たちと野村総研が共同研究し、やはり10～20年後には、日本人の仕事の49％がＡＩに奪われる可能性があると発表しました。それに対して、松尾豊さんや冨山和彦さんなどは否定的です。第一次産業革命のときに、機械化されると労働者たちの仕事が奪われると危機感を抱いて、機械の打ち壊し運動が起きましたが、産業革命によって仕事はどんどん増えた、と。それと同じように、ＡＩの普及で、新しい仕事が増える、というわけですが。この点はどうですか？

「それは私、ちょっと違う考えを持っていまして、これはアメリカで現に起きているのですが、低所得者は主に肉体労働に従事していて、中間所得者が従事している労働……、たとえば旅行代理店のスタッフとか、経理係などの事務職がＡＩを含むＩＴによってかなり減らされています。もっとも、頭脳を使うイノベーティブな仕事というのもありますが、事務職で切られた人々が、そちらにいけるか、というとなかなか難しい。ほとんどの人々は肉体労働のほうに移動しています」

――第一次産業革命とは状況が相当違うということですか？

「一つは、ＩＴというのは、あまり雇用をつくらないのです。たとえば自動車だと、一台一台作らなければならないので多くの雇用を生みますが、ソフトウェアは1個作ったら全部コピーできてしまう。だから雇用をそれほど生みません」

――さらに、井上さんの著書で、私が衝撃を受けたのは、汎用人工知能について、大胆に、率直に書いてらっしゃることです。人工知能の専門家たちも、特化型ＡＩについては詳しく説明するのですが、汎用ＡＩについては話したがらない。汎用ＡＩが普及すると、人間の仕事が危うくなるという不安が強いのでしょうか。

「実は、全脳アーキテクチャ・イニシアティブという汎用ＡＩのことを研究している日本の非営利団体があって、その代表が山川宏さんという方なのですが、この方が、ＡＩのマイナス面も赤裸々に語っているのですよ」

――どういうことですか。

「人工知能は核兵器並みに危険だと、ご自分で作っていて言ってらっしゃる。『ターミネーターみたいなことが起きる可能性がある』と言っているのです。つまりＡＩによる反乱はあり得るということなのです。たとえば、山川さんは、アルファ碁は囲碁で勝つことを目的にしているので、もしもアルファ碁に手違いがあった場合に、対局の相手を殴って殺してしまえば勝ったことになると思ってしまったら、そういうことを実行するかもしれない、と。Ａ

Ｉは、そういうことをやりかねない。それが今後の大きな問題だと、山川さんは言っているのです。私も、そういう危険性はゼロではないと思っています」

――ＡＩによる反乱ですか？　ところで、はじめの質問ですが、汎用ＡＩが普及すると、人間の多くの仕事が奪われるのではないかと。この問題はどうですか。

「汎用ＡＩが普及すると、いろんな職業がなくなる可能性がある、と私は思っているのですが、ＡＩ研究者の中でも意見は分かれているのです。たとえば、『東ロボくん』という、東京大学の入試突破を目標としたＡＩを開発していた新井紀子さんは、汎用ＡＩなんかできるわけがない、というご意見でした」

――井上さんはどうですか。汎用ＡＩはできると思っていますか。

「私はできてもおかしくないと思っています。２０３０年ぐらいに、人間をぎこちなくまねる程度の汎用ＡＩは出てくるだろうと。『マツコロイド』という、マツコ・デラックスさんをまねたロボットがありますが、あれは最初パッと見は見分けがつきません。しかし会話とかをさせると、どっちがロボットで、どっちが本物かわかる。だけど、２０３０年ぐらいになると、ほとんど見分けがつかないロボットがつくられてもおかしくない。そうなると、かなり多くの仕事がなくなるのではないか、と思いますが、クリエイティビティとか、マネジメントとか、ホスピタリティに関わる部分は残るでしょう」

――人工知能について、経産省の井上博雄氏が、欧米では、移民、難民の問題などがあって、失業率が高いので、自動運転などＡＩの普及に対する反対が強いが、日本では少子化で人手不足なので、ＡＩの発達、普及が進みやすいと指摘していますが。

「そういう可能性はおおいにあると思います。ただ一つ問題なのは、実は日本でも人手が余っている職種がありまして、それが事務職なのですよ」

――政府の発表では、現在の日本の有効求人倍率（２０１7年）は、１・５０だと。そして建設現場などは4以上だというのですが、事務職は低そうですね。

「そうですね。私が調べたときは、０・４５でした」

――事務職は人が余っているわけですね。たとえば、メガバンクのみずほフィナンシャルグループでは10年以内に、6万人を4万人に減らす。三菱東京ＵＦＪも約1万人分の仕事を減らし、三井住友は４０００人分の仕事を減らすとされていますが、森本紀行さんは7割くらい減ることになるかもしれない、と言っています。

「私もそう思っていまして、職種でいうと事務職、業種では銀行業ですが、みんなが働きたい職業に、皮肉なことにＡＩが進出しやすいのです。それに対して、実際に物を運んだり、つくったり、何か物体を操作するような作業、こういうものというのは、ＡＩという頭脳部分と、あと手足となって働くメカの部分と、両方つくらなければならない。そういうのをまとめて『スマートマシン』というのですが、スマートマシンをつくるには、研究開発が二段階必要なのですよ。

だから、なかなか日本人の人手不足を解消するのに時間がかかる。かたや人手が余っているところは、どんどん余ってしまうんで、困ったことにまだら模様になるのですよ」

２０３０年に起こる革命

――一番の問題は、井上さんが予測されている第四次産業革命ですね。ＡＩがＡＩをつくることになる。シンギュラリティですね。井上さんは、２０３０年代には第四次産業革命が起きて、人類の仕事の90％が奪われることになる、と。

「ちょっとすみません。私は、第四次産業革命とシンギュラリティとは一応分けていまして、まず第四次産業革命というのは、第三次産業革命がＩＴによる革命だったわけですが、次の革命はＡＩによる革命です。

これはすでにはじまっているという人もいますが、まだＡＩによる生産性の向上というのが目に見えてあらわれてはいないので、これの機が熟するのは２０３０年代までかかるだろうと思っています。

今、日本ではＡＩ、ＩｏＴ、そしてビッグデータの３つがセットになって革命を起こすといわれていて、私もそう思っているのですが、この革命は二段階で起きるといわれていま す。最初は特化型ＡＩの機が熟してきて、２０３０年前後にかなり生産性が高まってくる、と。そのあとには自動運転トラックもどんどん普及していくだろうが、そこへ汎用ＡＩが出てくるようになる。しかし、これが普及するのには時間がかかって、早ければ２０４５年、遅ければ２０６０年頃には、多くのことを汎用ＡＩに任せればよいということになるのではないですか」

——人類の仕事の90％以上がなくなるわけですね。

「そこで、仕事を失った人々が新しい仕事に就けるかどうかという問題ですが、エコノミストの森永卓郎先生が、『一億総アーティスト社会』になる、とおっしゃっています。

これは響きはすごくよいのですが、たとえば音楽の世界でも、ミュージシャンとしては生活できない、つまり生活できる収入のないミュージシャンがたくさんいます。森永先生はお笑いの世界のことを言っていましたが、年収10万円以下というお笑いのタレントが、世の中にはいっぱいいるわけですよ。普通の仕事における所得の分布は、すごく稼いでいる人がちょこっといて、中間所得層が分厚くて、貧しい人がちょこっといるという形をしているのですが、アーティストの社会は、めちゃくちゃ売れている人がちょこっといて、そこそこ売れている人が、それよりは多いけれども少しいて、全然売れない人というのが、富士山の裾野のように広がっている世界なのですよ。

よく、ＡＩが仕事を奪っても、新しいクリエイティブな仕事が出てくるので、そうした仕事をやればよいといわれるのですが、それが年収10万円以下だと、仕事といえますか。私は実際は厳しいと思います」

――なるほど。アーティストの社会は、食えない人が非常に多くなるわけですね。

「たとえば、自称ＹｏｕＴｕｂｅｒはたくさんいるのですが、ＹｏｕＴｕｂｅｒとして食える人は、きわめて少ない。そういうクリエイティブの世界こそ、人間の能力というのが非常にはっきりと目に見えて出てしまうのですよ。工業の時代で、工場のラインに人が並んで物をつくっているときには、効率のいい人と悪い人でも、せいぜい１・５倍か２倍程度の差しかつきません。ところがＩＴというだけで非常に格差を生んでいて、私は３年間、システムエンジニアとして、プログラミングの作業をやっていたことがあるのですが、極端にいうと、私の１００倍プログラミングが速い人がいて、そのさらに１００倍速い人もいる。私が三流のプログラマーだと思っていたのですが、さらに私の10分の１ぐらいのスピードの人もいるんですよね。そういう世界になっていてＩＴというだけでもそれだけの差がついてしまうのですが、芸術とか、芸能界とか、アーティストの世界は、もっと売れる人、売れない人の差というのがある……」

――格差が露骨になるわけだ。

「なので、ＡＩが発達してきて、うまく社会を設計すれば、人々はハッピーになれると私は思いたいのですが、放っておくと、格差による社会の混乱とか、一人一人の人生の苦悩というのは、私はすごく増えてしまうと思っているのですよ。にもかかわらず、ＡＩの発達に反対ではないというのが私の立場なんですけれど……」

――難しいな。どういうことですか？

「日本だけが鎖国して、ＡＩをやめましょう、と言ったって、そんな鎖国なんか保てないと思っていますし、どんどん日本が世界から置いていかれて、日本全体が沈没してしまうということになりかねない。だから、やっぱりこれはやるしかないと思っていますので、ＡＩの発達というのを前提にして、かつ格差が少なくて、みんなが楽しく生きられるような社会というのを設計していかなければならない、というのが私の考えです」

――そこで出てくるのが、ベーシックインカム、ということなのですね。ベーシックインカムという発想は、いつ頃、どういう人たちが生み出したのですか。

「私は『3人のトマス』という言い方をしているのですが、まず、16世紀のトマス・モアですね。『ユートピア』という本があります。それから18世紀のトマス・ペイン、そしてトマス・スペンス。これは単なる偶然なのですが、3人ともトマスなのです。この人たちが、ベーシックインカムの、いわば土台をつくったのですよ。モアは漠然と書いているだけなのですが、トマス・ペインは、今でいう『ベーシックキャピタル』ということを考えたのです」

――「ベーシックキャピタル」とはどういうことですか。

「月々あるいは時間毎など、定期的に生活に必要なお金をもらえるベーシックインカムに対して、ベーシックキャピタルはたとえば20歳になったら一括で１００万円がもらえるというようなことです」

――現在、生活保護というのがありますが、そういうことではないのですか。

「トマス・ペインが考えたのは、国民全員に、成人したらお金を資金として渡して、あとはそれを運用するなり、商売を始めるなりして、何とかよろしくやってくださいという制度なのですね。ベーシックアセットとも言われています」

――国が、国民全員に遺産相続みたいなことをしてくれるわけですか。

「そうですね。ただ、中国の均田制、あるいは日本の律令制の中でも中国の均田制を採り入れたような制度があったのですが、これがベーシックキャピタルに近いものだという見方もあります。ベーシックインカムについての、日本の権威とされている山森亮（やまもりとおる）氏が、そう言っています」

――なるほど、中国にも日本にも、古くからベーシックキャピタルのような制度があったわけですか。

「ちゃんと資産としての田んぼを公平にみんなに分け与えると。でも、資本主義下ではそんなことはやらないですよね。そこで、株式をあてがうという制度を考えた人がいるのです。経済学者のジョン・ローマーが１９９０年代に、株式を買えるクーポン券みたいなものを成人した全国民に配って、それを使っていろんな会社の株を買って、国民が全員資本家になれるという制度を構想したのですよ。それがクーポン型市場社会主義です」

――ということの前提は、会社や工場の労働はロボット化されて、人間は働いていない、だから企業は丸ごと儲かると。人件費ゼロということですね。

「そうなんですよ。資本分配率が１００％になっているんですね。極端な話ですが、すべて国有化して、社会主義にしてしまう、というのが一つなのですが、国有化すると、ソ連と同じように失敗があるかもしれないというので、ジョン・ローマーが、こういうアイデアを出したのです。一応市場経済は保たれているのですよ。企業の競争もあり、国民全員が株主になれるわけです。ただし、ベーシックインカムの源流は、トマス・スペンスです」

――ベーシックキャピタルとベーシックインカムはどこが違うのですか。

「成人して、資産が渡されて、あとはそれぞれが自由に、勝手に運用せよ、というのがベーシックキャピタルで、ベーシックインカムというのは、月々にきちんと配られる、というかたちです」

――ベーシックインカムになると、一人にどれくらいもらえるのですか。

「ベーシックインカムは、収入の水準に拠らずにすべての人に無条件に、最低限の生活費を一律に給付する制度で、世帯ではなく個人を単位として給付されるという特徴を持ちます。たとえば毎月7万円のお金が老若男女を問わず、国民全員に給付されます。ベーシックインカムを『子供手当＋大人手当』、つまり『みんな手当』と考えればわかりやすいでしょう。ベーシックインカムには、『社会保障制度としての側面』のほかに、『国民配当としての側面』もあるということです」

――一人、月に7万円とすると、3人家族だと21万円になる、これで生活はできるのかな？

「家族は食えると思います。私は年配の人に対する年金はプラスアルファがあってもいいと思っていて、若い人々は、ちょっとアルバイトぐらいすればよいと思います。とにかくベーシックインカムの給付にあたっては、労働しているかどうか、病気であるかどうかは問われません。金持ちであるか貧乏であるかも関係ありません。また、労働しても受給額は減額されないので、労働意欲を損ねにくいと考えられます」

――現在、ベーシックインカムを一番熱心にやっている国はどこですか？

「フィンランドだと思います。フィンランドは政権与党が、もうベーシックインカムを試験導入しておりまして、2017年1月から実験をやっています。失業者2000人に月約6万8000円を配っているはずで、2年ぐらい実験して、終わった後本格導入ということになっています（結局運用延長せず）。次にオランダですね。ユトレヒトとかアムステルダムで最近実験をしているらしいのですよ。オランダ人はこういうのが大好きなのですね。先進的な制度をどんどん取り入れるのです。安楽死とか、売春も合法化しています。それからアメリカ、カナダでも局所的には実験しています」

――日本はどうですか。

「欧米と比べると遅れていますが、日本でも2008年くらいからベーシックインカムが衆目を集めるようになりました。当初は、主に人文系の学者が思想的に論じていましたが、近頃では経済学者が生活保護よりも効率的な制度として推奨することが多くなってきています。早稲田大学の若田部昌澄（わかたべまさずみ）教授（現・日銀副総裁）、明治大学の飯田泰之准教授、元早稲田大学教授で日銀政策委員会審議委員の原田泰（ゆたか）氏、立命館大学の松尾匡教授などが、ベーシックインカムを推奨しています」

――日本の政治家、政党ではどこが積極的ですか？

「たしか、『山本太郎となかまたち』（現・自由党）が唱えたことがあったのですが、自民党も野党も、そんなに前向きではないようです。どの政治家も真剣に取り組むべき問題だと思います」

井上智洋氏は残念そうな口調で話した。どうも日本の政治家は、人口減少を含めて長期的な課題に取り組む姿勢に欠けているようだ。

（２０１８年1月19日取材）

第10章　覇権を握るのは中国!?　汎用コンピュータという究極の技術

——山川宏（ドワンゴ人工知能研究所所長）

人工知能は知能を持てるのか

山川宏氏は、ドワンゴ人工知能研究所の所長である。

山川氏は、2013年の冬に、東大教授の松尾豊氏たちと、AIの活用について考える勉強会をはじめた。そして、2014年の夏に、何回か参加していたドワンゴの川上量生(のぶお)会長(当時)が、ドワンゴに人工知能研究所をつくると提案し、山川氏は、それまで勤めていた富士通を辞めて、ドワンゴに移ったのだという。

松尾氏も山川氏も、本当の意味での知能を創る、というのが大目標だったようだ。それでは、AIが人間の知能のような、何事にも対応できる能力など持ち得るのか。

山川氏に聞きたいことは数多くある。

ドワンゴ本社の応接室で山川氏に会った。

山川氏は、もったいぶらず、格好をつけなくて何事も率直に、具体的に話してくれる、気持ちのよい人物であった。

まず、山川氏が富士通で、どのような研究をやっていたのか、と問うた。

「富士通には1992年に入社して、当時は日本のITが全般的に元気だったのですが、僕はAIというよりもニューラルネットワークとかニューロコンピューティングとか、脳に近い方の研究をやっていました」

——ニューロコンピューティングとは、どういうことをやるのですか。

「人間の脳はだいたい1000億個のニューロンで作られているのです。ニューロコンピューティングというのは、それを簡単にマネして、かなり省略して、何とか人工的にね。何とかならないかと」

——つまり、人工的に脳を作ろうとしたのですね。

「そうです。ただ当時は脳というにはおこがましいくらい小さなものしかできなかったのですがね」

——小さいというと、どのくらいですか。

「1回目のときは、たった2層、そして2回目のブームでも3階建てくらいの構造でした。これが90年代です」

——それで、具体的にどういうことをやろうとしていたのですか。

「当時は、画像から直接ではなく、あらかじめ取り出された特徴を入力に利用して、どれが魚でどれが犬かという分類などをやっていました」

山川氏は恥ずかしそうな口調で言った。

——山川さんが東大の松尾豊さんと出会ったのはいつ頃で、どんなきっかけだったのですか？

「たぶん2000年代のはじめですね。松尾さんは、当時、産業技術総合研究所といって、経産省系の研究所なのですが、そこの新人に近い若手でした。そのときに、若い人間が集まって人工知能について考えようという動きが起きて、僕も松尾さんも参加したのです。10人くらい集まって、年に2〜3回、いろいろ話し合ったのですよ」

——たしか、山川さんは2013年に、渋谷で、松尾さんたちと本格的に勉強会を始めますね。これはどういう勉強会ですか。

「それが、全脳アーキテクチャ、つまり脳全体のアーキテクチャに学んで人間のような汎用人工知能を作ろうという大目標を掲げました」

——ええっ、いきなり汎用人工知能ですか。

「そうですね、まあそこまで当時は明確に言葉は決まっていなかったのですが。脳に学んでAIを作りましょうということで、僕と松尾さんと、産総研の一杉裕志（いちすぎゆうじ）さんと3人でやることになって。ちょうどディープ・ラーニングの実力が見えてきたところで、脳みたいなAIができるよね、と、夜を徹して話し合ったのですよ」

——その時点で、ディープ・ラーニングのことはわかっていたのですか。

「ディープ・ラーニングについて、グーグルなどで騒いでいるという情報が入ってきて、日本もやらなきゃダメだよね、と話し合っていました。ディープ・ラーニングは人工知能にとってすごくブレークスルーになる技術で、実際になったわけです。だけど、その頃ディープ・ラーニングといっても、ほとんど誰もわかっていないので、わかりやすくする意味も込めて、脳みたいなアーキテクチャが大事だよね、ということになったわけです」

——その全脳アーキテクチャというのは、具体的にはどういうことをやろうとしたのですか。

「まず、技術目標としての汎用人工知能ですね」

——だけど、当時も、そして現在も、汎用人工知能なんて実現してないですよ。現在普及しているのは、特化型人工知能で、囲碁とか、自動運転とか、一つのことしかできない。

「そうですね。だから、そうじゃないのが作りたい。それの一番重要な心は何かというと、いろんなものを学んでいくと、新しいことでもそこそこいろいろ組み合わせて問題が解けたりするようになってくるじゃないですか。たとえば人間の場合でも、新しく科学技術を進歩させるときは、研究者はきっとこういう実験をするとおもしろい結果が出るよね、と予想をたててやる。

その能力があるのが汎用人工知能なのですね。そこを謳って新しいことにチャレンジしていく。今のビッグデータのようにデータが密にあるところについては、予測が当たります。

でもそれだけでは、新しい科学の領域は広げられないのですよ。人間の脳はそうした能力を持っているので、人間の脳に学べば実現できるのではないかと。以前からこうしたアイデアはありましたが、ディープ・ラーニングの出現を受けて、それができるようになるのではないか、ということになったのです」

手がかりが見えてきた

――ところで、２０１４年に山川さんたちの勉強会にドワンゴの川上さんが参加して、ドワンゴに人工知能研究所を作る、ということになって、山川さんは富士通を辞めてドワンゴに移ったのですよね。

「川上さんは囲碁や将棋に興味を持っておられて、どんどん人間が追い詰められていく。人工知能はやばいぞと思われて……」

――やばい、ということは、人工知能はおもしろいぞ、と思われたということですか。

「そうですね。人工知能の研究を本腰入れてやらねばならない、と川上さんは決意したのですよ。そこでやってみないかという話になりまして」

――それで、山川さんはドワンゴに入ってどんなことから始めたのですか。

「最初は全脳アーキテクチャの考え方に賛同してくれる仲間を探していました。その後２０

15年に入って、『脳全体のアーキテクチャに学んで人のような汎用人工知能を創る（工学）』という全脳アーキテクチャ・アプローチが、グループ内で合意されました。その後、8月に全脳アーキテクチャ・イニシアティブというのを創設しました。この研究開発アプローチを可能にする背景として、脳というものがだんだんわかってきたこともあります」

――わかってきた、とはどういうことですか。

「神経科学の歴史は19世紀末にまでさかのぼりますが、20世紀に入っても、活動を特定できるニューロンは2〜3個でした。しかし、現在では1000個のオーダーを数ヵ所で測るというかたちになってきました。それとディープ・ラーニングの進展が合わさって、わりと脳っぽく作るのが技術的にできるレベルになってきました。本当に全部わかっているならば、そのまま作ればいいのですが、全部はわかっていないけれども手がかりがあるという状態になってきているといえます」

――山川さんと松尾さんは、本当の意味での知能を作る、というのが大目標のようですが。

「これは、なかなか深い問題で、一言では言えないのですが、一つ重要なのは、動物が進化してきて、生き残るために、ある段階で知能というのが生まれてきたのですが、知能があると今の見えている情報以外に、見えていないものが見えるというか、予測できるわけですよ。たとえば天気予報だって明日の天気を予測するわけだし、知能があれば何をするにしても世界とうまく付き合っていけるわけですよ。人間というのは社会を形成することによって協力し、分業して力を発揮しているわけですが、社会が成立するためには倫理みたいなのがなきゃいけないわけですね。倫理的に見て不適切な振る舞いに対しては攻撃的な態度を示す必要もあります」

――しかし、人工知能に倫理的判断などできますか。

「現状では、それはほぼ不可能と言っていいでしょう。ただし研究分野として注目されていますので、次第に成果が蓄積されていくと思います。倫理的能力以前に、現在のＡＩを発達過程にある幼児に対応づけると、生まれて数ヵ月の子供くらいですね。人間の子供は自分の体がどう動いていて、ここを触るとこうだみたいなのは学習します。母親の胎内から外に出て、自分が動くと、それを目で見ることができる。そして５〜６ヵ月たって、物を当てるとこうなるというようなことがわかってくる。それまでは自分の持っている物の延長線上のことしかわからなかったのが、自分から離れた物がぶつかると、どういう物理現象が起きるかがわかってくる。

いま、研究の最先端が、そのくらいのところに来ているのです。でも、ディープ・ラーニングが出てきて、この３年くらいで６ヵ月くらいまで来ているので、順調にいくとそんなに時間がかからずに、１歳、２歳くらいのレベルまでいけるかもしれませんが、そうとも限りません。関連した話題として、人工知能には、モラベックのパラドックスというのがありますしてね」

――それはどういうことですか。

「人間にとって高度なチェスなどのゲームをする能力よりも、先ほどの幼児の行う作業のほうが実現が難しいということです。こうした、非論理的な知能を人工的に実現することは、当分無理かとも思われていました。しかしこのパラドックスが、ディープ・ラーニングのおかげで、崩されたのです」

――ところで山川さんは、全脳アーキテクチャのシンポジウムで、自分たちが世界で最初に汎用人工知能をつくり上げる絵はない、と言われていますが、これはどういうことですか。

「汎用人工知能というのは、あらゆる人並みの問題解決が可能になるので、ものすごいインパクトがあるのですよ。基本的に人の知的機能は全部リプレース（置き換え）できますし、人工知能の研究者をリプレースすれば、人工知能を加速度的に発展させることもできます。当然これを自国の経済活動に応用すればGDPの向上にも大きく寄与するので大きなインパクトを持ち、だから世界中で汎用人工知能を作ろうという動きが加速しているのです。げんに2017年の10月に出たレポートによると、世界で45以上の組織が汎用人工知能の研究をやっているということですが、実際はこの5倍も10倍もあるのではないでしょうか」

——ドワンゴは、その中に入っているのですかね。

「ドワンゴは全脳アーキテクチャの枠組みの中でやっていまして、全脳アーキテクチャ・イニシアティブはそのリストには日本から唯一載っています。日本では唯一ですが、やはりアメリカが非常に多いですね。

世界の中でのトップは、おそらくイギリスのディープマインドで、彼らは今500人くらいの組織なのですが、その中の300人以上が研究者なのです。しかもグーグルのお金を使ってやっているので、非常に潤沢な資金があり、多くの世界トップの研究者を集めているのですよ。それに最近は中国が人工知能に大変な投資をしていて、チャイナブレインプロジェクトというのをやっています。実際、私は2017年の11月にアメリカでの世界最大の神経科学の大会に出席したのですが、参加者の半分以上が中国人でした。個人のデータがすごく取りやすく、たとえば画像認識みたいな技術はデータが取り放題であれば、ものすごく性能が上がるんです。こうした人間系のデータを使う技術では中国に勝つことは難しいですね。アルゴリズムがちょっとずつ勝っても、データが3倍ありますということになればもう勝てないわけですよ。

こうして稼いだ資金が汎用人工知能の投資にも回されるわけですから、単純に勝つことを目標としたら冷笑の的となることでしょう。こうした状況を踏まえて、私たちは基本理念で書いていますが、人類と調和した人工知能のある世界というのを目標にしていまして、特に気にしているのは、特定の組織や国が超強力な汎用人工知能の技術を独占してしまうことです。これは大きな格差をもたらしうるのです」

――もしかすると、中国が強力なＡＩを独占する可能性がある？

「そうですね。この状況を避けるために、私たちはあくまでオープンプラットフォーム戦略で行くべきだ、と強く主張しています。脳のアーキテクチャにしても、世界中のエンジニアたちと連携することによって、トップが汎用人工知能を完成したできるだけ直後に、我々も汎用人工知能を実現できるようにしたいのです」

究極の目標＝汎用人工知能

――山川さんにどうしても聞きたいのは、現在普及しているのは特化型人工知能ですよね。これから汎用人工知能を開発するわけですが、どういうところが難しいのですか。

「まず人間がソフトウェアを設計しようと思った時にどうやって作るかということを考えましょう。

我々が誰かに、あるソフトウェアを作ってほしいと依頼したとしましょう。そのときに何のためのシステムですかと、普通聞きますよね。普通の開発ではある目的があるんです。コンピュータ囲碁であれば、囲碁に勝つなどの目的がある。そして囲碁に勝つため、となると相手の戦術を分析するシステムが必要です。ここでこの手を打つ判断をするシステムが必要で、というように機能に分解されていくのですよ。ところが、汎用人工知能の場合、いろんなことができるのが作りたいんだというと、いろんなことって何ですか、と問われる。対応すべきタスクが非常に広いので、そうした形で機能を分解できないのです」

――なるほど、特化型人工知能の場合は目標がはっきりしているので、分解して組み上げられるのだが、汎用人工知能の場合は、目標が無限に広がっている?

「この難しい状況に対してはまず何個かいろいろ目標に合わせて作るものを増やしていくという……」

――当面は、完全な汎用ではなく、3つ、4つ、5つとできるものを増やしていく、ということですね。

「そうですね。将棋ができるＡＩと車が運転できるＡＩと洗濯ができるＡＩを並べておいて、必要に応じて切り替える。それでどんどん並べていけば、いずれはすべて埋め尽くされるだろう、と。でも、それは違うということが、汎用人工知能の研究者たちはわかってきたのです」

――どこが違うのですか?

「埋めていっても新しいのが来たらまったく対応できない。それじゃだめなんです。新しいのが来たときに、今まで蓄えてきたのが100の問題解決能力ならば、それらの部分を組み合わせて解決する能力を持たないといけない。つまり、ここの部分はここに使えて、これとこれを組み合わせると、きっとこうなるよね、といったことができないといけないのです。100個並べて、そこから選んでいるだけでは、それができません。逆に、人間はこうした状況でも何らかの形で問題を解決してゆきます。完璧でもないし、確実でもないけれど、何とか答えるわけですよ。

特化型の人工知能では、未知の環境とか経験が少ない状況に対応できず、新しい発見とかをしていけないのです。わかっていることをいくら練り直してもダメで、すでに学んでいることを一つの大きな塊ではなく、いろんな知識の要素として統合しなければならないと考えられています。

汎用人工知能は学んだことを分解して、それはここで使えるという再利用を柔軟にできるような能力を持たなくてはいけないわけです。私たちのように、脳を真似るとできるのではないか、という人もいるし、もっと原理的な強化学習とかディープ・ラーニングを組み合わせればできるのではないか、という人もいますが、いずれにしても一筋縄ではいきません」

――難しいですね。本当に汎用人工知能は実現することができるのですか。

「それはできるでしょう。人間ができているのですから、できるはずです」

──山川さん、自信がありそうですね。

「結局人間も脳の中のニューロンが電気の伝達と化学物質の伝達の組み合わせによって動いているわけで、別に量子コンピューティングで動いているわけではなく、普通の電気と化学物質の伝達で動いているので、究極まで脳を事細かに理解できていれば、それを作ってしまえばいいのですよ。まだ脳の仕組みはそれができるほどには詳しく理解できていないので、何とか抽象化してやろうとしているのが全脳アーキテクチャというアプローチなのです」

──汎用人工知能は意識を持てるのですか。

「意識は人工知能の目的ではないのですよ。汎用人工知能はあくまで未知のものを含めてたくさんのタスクができるというのが目標なのです。ただ、人型の人工知能にしていくと、結果として人間っぽく作ることになるので、人間の意識を持つような形になる可能性は高いですね」

──実は山川さんにお会いする前に、井上智洋氏を取材したのですが、井上氏は２０３０年代になると汎用人工知能が登場すると予想しています。山川さんは、どう捉えていますか。

「まず全脳アーキテクチャは、一応目標としては２０３０年にしているのです。ただ世界的に平均値では、人レベルの人工知能ができるのは２０４０年代ということになっているのではないですか」

――井上氏は、2030年代には第四次産業革命が起きると予測していますね。シンギュラリティという言葉も出ています。山川さんは、人工知能伝道者、清水亮さんとの対談で、シンギュラリティがリアリティを帯びてきた、と言っていますね。いつ頃からリアリティを帯びてきたのですか。

「それは当然ディープ・ラーニングが実現されてからです。これでモラベックのパラドックスが克服されたことで、難しかった子供の知能が実現されたことが最大の理由です」

「中国の情報独占」の恐怖

――ところで山川さんの最終目標は何ですか。

「それは、くり返しになりますが、私たちが基本理念にしている人類と調和した人工知能のある世界を作ることです。つまり、汎用人工知能が人類の幸福と存続に役立つような形で実現されるように微力ながら誘導することにあります」

――具体的には？

「それはつまり、特定の組織が独占しないで、広くあまねく汎用人工知能の恩恵が配分されるような社会にしたい。研究者たちは汎用人工知能を作ることに懸命になっていたのですが、あまりにも進展が早く、実現の可能性が高まって、影響力がたいへんに大きそうなので、人工知能をどのように作るか、そしてそれが、いかに社会のためになるか、調和が大事かということを考える人も次第に増えてきています」

——さっきも言われたのですが、たとえば中国が超強力な汎用人工知能の技術を独占する可能性がある。あの国は、オープンプラットフォームとは言えませんからね。山川さんたちの主張に中国が同調しますかね。

「そこは非常に重要な問題です。だから、私たちは自分たちが一番最初にゴールインすることが目的でなく、世界の研究者たちに、人類と調和した人工知能を作らなければダメだと懸命に強調し続けているのです。しかし、そのためには私たちも、トップと僅差で皆で汎用人工知能を実現できる体制をつくり、多極化するようにしないといけない」

——がんばってください。最後に聞きたいのですが、シンギュラリティで人類の仕事の90％がなくなって、ベーシックインカムが導入されるというのは、人類にとって果たしてハッピーなのですか。

「そうですね。ハッピーだという研究者もいますよ。僕は、自分の生き方の問題だと思っているのです。僕には、実は次のような体験がありまして……。何かの都合で言葉が通じない環境で仕事をしなければならないことになりましてね。けれども、言葉は通じなくても、一緒に仕事をしていると仲間として認め合って、お互いにわかり合えるものなのですよ。つまり友だちのようになれるのです。

僕がベーシックインカムの導入で心配しているのは、生活が保障されることでみんなが仕事をしなくなると、みんなの気持ちが通じ合わない社会になってしまうのではないか。言ってみれば、会話のないマンションのようになってしまうのではないか、と。これが心配なのです。これはどちらかというと人にとってはアンハッピーですからね。だから、ベーシックインカムが導入されても、収入の問題はともかく、仕事のような何かを持つべきだと思うのです。地域のために働くのでも、ロボットの管理でもよいのですが、仕事をすること、そしてそれが何らかのかたちで役に立っているという認識が持てることで、みんなと気持ちが通じ合える、そして生きることに積極的になれるのではないでしょうか」

――仕事がなくなっても、積極的に仕事を作ればよいのですね。

「その通りです。そしてみんながわかり合える、気持ちが通じ合える社会にする。繰り返しになりますが、人類と調和した人工知能のある世界にするのですよ」

山川氏は強調した。シンギュラリティの時代になっても、その時代を作ったのは人間であり、主役が人間から汎用人工知能に移るものではない。

山川氏はそう、念押しをしたいのであろう。

（２０１８年２月26日取材）

あとがき

この本を書くためにに取材をはじめたとき、私は人工知能については、ほとんど無知であった。

人工知能についての書籍を読むと、すぐに〝STEM〟という言葉にぶつかった。〝STEM〟がわからない人間は、人工知能を理解するのは無理だというのである。〝S〟はサイエンス（科学）、〝T〟はテクノロジー（技術）、〝E〟はエンジニアリング（工学）、そして〝M〟はマセマティックス（数学）のことだという。

私は、大学は文学部で極端な文系人間である。〝S〟も〝T〟も〝E〟も〝M〟も、高校時代からまったく勉強していない。

だから、研究者やかかわりの深い企業などを取材しても、さっぱり理解できないのではないかと思っていたのだが、グーグルのグレッグ・コラード氏や東大の松尾豊氏、トヨタのジエームス・カフナー氏、パナソニックの馬場渉氏、そしてドワンゴの山川宏氏など、誰もが、非常に親切に丁寧に、わかりやすく説明してくださって、なんとか、人工知能が現在世界の先進国で、どのような役割を演じているのかは、だいたい摑むことができた。心から感謝しています。

人工知能によって、人間は面倒な仕事から、どんどん解放されている。人工知能によって、私たちの生活は、驚くべき速度で便利になっている。

だが、２０３０年代になって、汎用人工知能が普及すると、人間の手放したくない仕事が急速に失われることになる、という悲観論が少なからずある。井上智洋氏（駒澤大学准教授）がその論者の一人だ。

「人工知能が発達することによって、格差による社会の混乱とか、一人一人の人生の苦悩というのは、私はすごく増えてしまうと思っているのですよ。にもかかわらず、人工知能の発達に反対ではない。というのは、日本だけが研究・開発をやめたら、どんどん日本が世界から置いていかれて、日本全体が沈没してしまうということになりかねませんからね」

井上氏は、そう語った。

そして、早ければ２０４５年、遅ければ２０６０年頃には、シンギュラリティ、ということになって人類の仕事の90％以上が、人工知能に取って代わられるだろうと捉えていて、だからベーシックインカムが必要だということになるわけだ。

実は、松尾豊氏と並んで、日本の人工知能研究の中核的な存在である山川宏氏も「シンギュラリティがリアリティを帯びてきた」と語っている。ディープ・ラーニングができるようになったためだという。

人工知能が登場しても、人間と人工知能の違いは、創造性と独創性であり、この2要素は人工知能には持ち得ない、ということになっていた。だが、創造性とは、まったくゼロから何かを生み出すのではなく、幅広い経験を通じて学んださまざまな手段をひとつにつなぎ合わせることで生じるわけで、これならば人工知能も可能性がある。山川氏は、人工知能が人間のように〝意識〟を持つ可能性まである、と言った。

しかし、仕事がなくなって、ベーシックインカムで暮らす日々は、多くの人間にとって果たしてハッピーなのだろうか。

山川氏は、「社会が、言ってみれば、会話のないマンションのようになってしまうのではないか」、つまり、みんなの気持ちがまったく通じ合わない社会になってしまうのではないか、と心配している。そして、ベーシックインカムが導入されても、仕事のような何かを持つべきだ、と強調されている。

私も山川氏にまったく同意である。

仕事はなんらかの組織に属していて得られるものではなく、自力で新しくつくるのだ、と私は捉えている。ベーシックインカムが導入されると、仕事は生活費を稼ぐためではなく、何らかのかたちで役に立っていると認識できることで、人々と気持ちを通じ合うことができて、自分の意欲も高まるものになるはずである。

現代の魔術師と称されている落合陽一氏は、ＡＩ時代は、ワーク・アズ・ライフ、つまりライフとしてのワークということになる、と強調している。つまり生きるための仕事ということになる。汎用人工知能が普及すればするほど、多くの人々が、それぞれ生きるために自分の仕事をつくるという面白い時代になる、と私は捉えている。

この本の企画、取材の段階から本郷明美氏をはじめ、講談社の少なからぬスタッフの全面的な協力を得た。心から感謝いたします。

田原総一朗

２０１８年５月

田原総一朗

1934年、滋賀県生まれ。早稲田大学文学部卒業後、岩波映画製作所入社。東京12チャンネル(現テレビ東京)を経て、77年よりフリーに。『朝まで生テレビ!』の司会などのほか、活字と放送、ネットなど幅広いメディアで活躍。次世代リーダーを養成する「大隈塾」の塾頭も務める。近著に『トランプ大統領で「戦後」は終わる』(角川新書)、『平成の重大事件』(猪瀬直樹氏との共著、朝日新書)など。

講談社+α新書 796-1 C

AIで私の仕事はなくなりますか?

田原総一朗

2018年7月19日第1刷発行

発行者――― 渡瀬昌彦

発行所――― 株式会社 講談社

東京都文京区音羽2-12-21 〒112-8001

電話 編集(03)5395-3522

販売(03)5395-4415

業務(03)5395-3615

デザイン――― 鈴木成一デザイン室

カバー印刷――― 共同印刷株式会社

印刷――― 慶昌堂印刷株式会社

製本――― 牧製本印刷株式会社

定価はカバーに表示してあります。

落丁本・乱丁本は購入書店名を明記のうえ、小社業務あてにお送りください。

送料は小社負担にてお取り替えします。

なお、この本の内容についてのお問い合わせは第一事業局企画部「+α新書」あてにお願いいたします。

Printed in Japan

ISBN978-4-06-512364-5